# Inhalt

# Onkel Jeans Lieblingssee

"Trente-sept!", verkündete Nina, als der vollgepackte Volvo abbremste, um die nächste scharfe Kurve zu nehmen.
Vom Beifahrersitz antwortete ein Stöhnen.
"**Compte** les **virages à voix basse**, Nina", sagte Onkel Jean mit einem raschen Blick in den Rückspiegel. "**Sinon** Alex **va tomber malade**."
Alex saß mit käsigem Gesicht neben ihm, sein Magen schien sich bei jedem Lenkradschwung mit in die Kurve zu legen. Dabei gab Onkel Jean sich wirklich Mühe, die Straße zum 1000 Meter hohen Gebirgspass behutsam hinaufzufahren, vorbei an den dunklen Tannen und den Radfahrern, die von Zeit zu Zeit am Wegesrand auftauchten und so eifrig den Berg hochstrampelten, als trainierten sie für die Tour de France.
"**On arrive au col,** Alex", rief Jean aufmunternd, "et **aussitôt après,** au **lac**." Und ein Rezept schickte er hinterher: "**Regarde droit devant toi.** Ça t'aidera!"



---

**compte** zähle
**virages** Kurven
**à voix basse** leise
**sinon** sonst
**va tomber malade** wird … krank
**on arrive au col** wir sind gleich am Pass
**aussitôt après** kurz danach
**lac** See
**Regarde droit devant toi.** Schau geradeaus.

Zur Linken tat sich erneut der Blick ins Tal auf. Die Aussicht wurde von Kurve zu Kurve atemberaubender. Gleich hinter der Leitplanke fiel der Hang steil in die Tiefe, und dort unten badeten Wiesen und Dörfer in der Mittagssonne eines hochsommerlichen Julitages.

Jean wischte sich die schweißnassen Haare aus der Stirn. Ganz so heiß wie im Tal war es hier oben zwar nicht, aber der Sommer zeigte sich auch in der Höhe von seiner besten Seite. Jean war gespannt, ob der Himmel in den zehn Tagen, die er mit Nichte und Neffe in den Vogesen verbringen wollte, sein strahlendes Blau beibehalten würde. Momentan sah es so aus, als würden sie zu dritt wunderschöne Tage am See verbringen.



Nina und Alex begleiteten ihren Onkel zum ersten Mal zum **Lac de Longemer**. An diesem See verbrachte Jean seit einigen Jahren einen Teil des Sommers mit seiner Frau Monika, der Schwester von Ninas und Alex' Mutter. Was das Paar vom Zelten am See erzählte, fanden die Kinder tausendmal verlockender als die Fernreisen mit den vielen Kirchen- und Museumsbesuchen, die sie Sommer für Sommer mit ihren Eltern unternahmen. Keine Ferienwohnung, kein noch so schönes Hotelzimmer könne es mit dem Grasgeruch aufnehmen, der einen morgens beim ersten Schritt aus dem Zelt empfange, sagte

---

**Lac de Longemer** französischer See in den Vogesen

Jean immer. Das üppigste Hotelbuffet sei nichts gegen ein Baguette und Café au lait mit Blick auf den glitzernden See, über den am Morgen in aller Ruhe die Entenfamilien zogen.

"**Mademoiselle**, monsieur, **voici** mon lac préféré, le Lac de Longemer!", verkündete er feierlich, als Kurve Nummer dreiundfünfzig umrundet war.

Und während Alex mit geschlossenen Augen in seinem Sitz hing wie ein Boxer in den Seilen, breitete sich vor Onkel Jeans und Ninas Blicken eine in der Sonne funkelnde grünlichblaue Fläche aus.

"Et **dès que nous serons arrivés**, **plus un mot d'allemand** avec moi, **d'accord**?", schlug Onkel Jean mit seiner tiefen Stimme vor.

Der dreizehnjährige Alex und seine nur anderthalb Jahre jüngere Schwester besuchten in Heidelberg ein Gymnasium mit bilingualem Zweig, in dem die Schüler schon ab der 5. Klasse intensiv Französisch lernten. Dass ein Franzose in der Familie war, musste man ausnutzen, fanden ihre Eltern. Daher hatten sie Jean gebeten, während der zehntägigen Frankreichreise mit ihren Kindern möglichst häufig seine Muttersprache zu sprechen.



---

**mademoiselle** Fräulein
**voici** *hier:* hier sehen Sie
**dès que nous serons arrivés** sobald wir angekommen sind
**plus un mot d'allemand** kein Wort Deutsch mehr
**d'accord** einverstanden

"Auch das noch!", kam es vom Beifahrersitz. Alex' Gesicht hatte inzwischen die Farbe weißer Bettlaken angenommen.
"Toi, Alex, tu parleras le français **quand tu seras redevenu un être humain**", meinte Onkel Jean gnädig und drehte sich schmunzelnd zu Nina um.
Die starrte gebannt auf den See und hatte vor lauter Vorfreude vergessen, weiter die Kurven zu zählen.
"**Encore une petite descente et on y sera**", erklärte Onkel Jean.
Der Volvo machte einen Bogen um ein Grüppchen Wanderer mit Stöcken und Rucksäcken. Dann fuhren sie noch etwa einen Kilometer geradeaus, bis sie die Uferstraße erreichten. Vor ihnen lag eine in der Sonne funkelnde Wasserfläche. Sie waren am See!



Wie oft hatte Onkel Jean vom Baden im Lac de Longemer geschwärmt und von den tollen Fischen, die man dort angeln konnte.
"Il y a des **truites énormes**!", rief er gern und zeigte mit ausgebreiteten Armen eine Länge von anderthalb Metern an.

---

**quand tu seras redevenu un être humain** wenn du wieder ein Mensch geworden bist
**encore un petite descente et on y sera** noch ein Stückchen bergab und wir sind da
**truites** Forellen
**énormes** riesige

Monika sagte dann meist lächelnd: "Er übertreibt. Mir hat er so ein Monster noch nie gefangen."
"**Comment ça se fait que tu aimes aller à la pêche**", hatten die Kinder ihn einmal gefragt, "**puisque** tu **n**'aimes **pas** manger du poisson?"
"Parce que Monika adore le poisson", hatte Onkel Jean geantwortet.
"Ja, wenn ...", hatte Monika erwidert. "Jean träumt doch beim Angeln von seiner Musik. Da beißen die Fische nur selten an ..."

"Pourquoi Monika n'est pas venue?", fragte Nina, während der Wagen die Uferstraße entlangrollte.
"Elle voulait **absolument faire de la randonnée** dans les **Pyrénées**. Moi, je préfère **camper** avec vous, maintenant **que vous avez atteint l'âge de raison**."
"C'est vrai, moi, je suis **raisonnable**", spottete Alex mit geschlossenen Augen. "Mais Nina ...?"

---

**comment ça se fait** wie kommt es
**que tu aimes aller à la pêche** dass du gerne angeln gehst
**puisque** wo ... doch
**ne ... pas** nicht
**absolument** unbedingt
**faire de la randonnée** wandern
**Pyrénées** Pyrenäen
**camper** campen
**que vous avez atteint l'âge de raison** wo ihr das Vernunftalter erreicht habt
**raisonnable** vernünftig

“Idiot”, entgegnete Nina und knuffte ihn von der Rückbank aus in den Arm.
“Ne commencez pas à **vous disputer**, les enfants. Nous sommes **presque** arrivés.”
Jean bog auf den Campingplatz ein und steuerte geradewegs auf das Seeufer zu.
“Je ... crois ...”, sagte er aufgeregt, “qu’**on a de la chance**. Oui!! Ma **place** préférée est **libre**!”

Unter einem riesigen Uferbaum endete die vierstündige Fahrt von Heidelberg bis zum See. Onkel Jean zupfte sich vergnügt an seinem dichten braunen Schnurrbart, und alle drei stiegen aus. Während Alex sich auf den Rasen plumpsen ließ, zog Nina ihre Sandalen aus und rannte aufs Wasser zu, von dem ihr eine leichte Brise entgegenwehte. Sie wusste gleich, es würden tolle Ferien werden.



Die Stelle, an der Onkel Jean am liebsten sein Zelt aufschlug, lag in der hintersten Ecke des Campingplatzes und grenzte an ein kleines Privatgrundstück, auf dem ein Ferienhäuschen stand. Der Garten hinter dem Haus reichte bis ans Wasser. Zwar war das

---

**vous disputer** euch zu streiten
**presque** fast
**on a de la chance** wir Glück haben
**place** Platz
**libre** frei

Grundstück durch eine mannshohe Hecke vom Campingplatz getrennt, aber wenn man am Ufer stand, konnte man problemlos in den Garten mit Feuerstelle, Tisch und Stühlen schauen.
“Geil”, rief Nina und watete durch das seichte Wasser. “Schwimmen, Bootfahren, Schiffchenbauen, Wasserball spielen, das können wir alles gleich von unserem Platz aus!”

Zehn Minuten später waren sie zu dritt mit dem Aufbau der Zelte beschäftigt. Alex hatte nach ein paar tiefen Atemzügen am Ufer seine normale Gesichtsfarbe wiedererlangt. Jean hatte die Anmeldeformalitäten erledigt, und nun versuchten die Kinder, die Anweisungen ihres Onkels korrekt zu befolgen und die Schnüre an ihrem Zwei-Mann-Zelt genauso fest zu spannen, wie der erfahrene Camper es an seinem Zelt tat.
“Toll, dass wir ein Zelt für uns haben!”, flüsterte Nina ihrem Bruder zu. “So können wir nachts noch Musik hören oder unter der Decke lesen.”
“Im Schlafsack, meinst du wohl.”
“Oui, monsieur”, erwiderte Nina spitz.

“Et maintenant, **à l’eau**!”, rief Onkel Jean, als die beiden Zelte eingerichtet waren. Er stand schon in

---

**à l’eau** ins Wasser

der Badehose vor ihnen, in der er noch größer und schlacksiger wirkte als sonst.
"D'accord!", riefen Alex und Nina und schlüpften in ihre Badesachen.
Kurz darauf eierten sie über den unebenen Seegrund und schwammen los, vorbei an Onkel Jean, der noch immer zögernd durchs kalte Wasser watete.
"**Ne nagez pas trop loin**, les enfants", rief er ihnen nach.
Sie bespritzten sich, johlten und lachten.
"**Ého!**", rief plötzlich jemand von rechts.
Einige Meter entfernt stand ein Junge in Badehose bis zu den Waden im ufernahen Wasser, eine Angelrute in der Hand.
"Der ist aber empfindlich", zischte Nina ihrem Bruder zu.
Dann entdeckte sie den kleinen roten Schwimmer in ihrer Nähe, von dem sich eine fast unsichtbare Nylonschnur bis zur Angelrute des Jungen zog.
"Ich glaube eher, er markiert den großen Angler."
"Der soll erst mal sehen, was Onkel Jean alles fängt!"
Angriffslustig wie immer, wenn ein Junge sich aufspielte, schwamm Nina näher an die Stelle heran, wo der Schwimmer auf dem Wasser tanzte, und rief dem Jungen zu:



---

**ne nagez pas trop loin** schwimmt nicht zu weit raus
**Ého!** Was soll das denn!

"Tu as **déjà** pris beaucoup de poissons?"
"Bien sûr", antwortete der Junge, eine Mischung aus Unmut und Neugier auf dem rundlichen Gesicht. "Aujourd'hui, j'ai pris deux grandes truites et beaucoup de petits poissons."
"Bravo", rief Onkel Jean, von dem jetzt nur noch der Kopf aus dem Wasser guckte. Mit seinem dicken Schnurrbart sah er aus wie ein verirrtes Walross. "Il y a **donc** des truites dans le lac, cette année?"
"Oui, monsieur, **des tonnes**!"
"**Génial**. Je pourrai vous **préparer** un bon petit dîner, les enfants", rief er Nina und Alex zu.
"Donc, tu as déjà **pêché** des tonnes de truites?", fragte Alex den Jungen spöttisch. Er schien ungefähr in seinem Alter zu sein. Zwei kleine, dunkle Augen saßen wie Knöpfe in seinem pausbäckigen Gesicht.
Der Junge zuckte nur mit den Schultern und richtete den Blick wieder starr auf seinen Schwimmer.
Während Nina zum Ufer zurückschwamm, sah sie sich das Häuschen neben dem Campingplatz an, ein schlichtes, weißes Steinhaus mit tiefgezogenem Dach. Im Garten war niemand zu sehen, aber an einer Bank



---

**déjà** schon
**donc** also
**des tonnes** *hier:* tonnenweise
**génial** genial
**préparer** zubereiten
**pêché** geangelt

lehnten zwei Angelruten. Überall Angler, dachte Nina, als gäbe es an einem See nichts anderes zu tun. Das Feriengrundstück gefiel ihr sehr. Wenn ihre Eltern so eines hätten, mit einem süßen Häuschen und einem eigenen Stück Seeufer, ach, das wäre genial! Sie könnten dort sogar im Garten zelten. Aber Zelten würden sie ja jetzt auch, zehn Tage lang!

Gerade spürte Nina wieder Grund unter den Füßen, als einige Meter entfernt alles in Bewegung geriet: die Angelrute, das Wasser, der Junge. Die Schnur hatte sich gespannt, und der Junge zog mit aller Kraft daran, so dass die Rute sich gefährlich bog und es aussah, als würde sie jeden Moment brechen.

"Papa", rief er aufgeregt Richtung Ufer, "viens vite! Aide-moi!"

"Der Angeber schafft es wohl nicht allein", flüsterte Nina Alex zu, der auf ihre Höhe herangeschwommen war und bis über beide Ohren grinste.

Auch Onkel Jean machte kehrt – sein Jagdfieber war erwacht, er musste einfach sehen, womit der Junge da kämpfte – und erreichte den Angler fast gleichzeitig mit einem braungebrannten Mann in hellgrüner Badehose. Alex und Nina beäugten ihn neugierig.

"**Du calme**, Thierry", rief der Mann dem Jungen zu. "**Essaie tout seul d'abord.** Tire! Tire!"

---

**du calme** immer mit der Ruhe
**Essaie tout seul d'abord.** Versuche es erstmal ganz allein.

"Je crois que c'est une truite **monstrueuse**, papa", rief der Junge.
Zwei Sekunden später zog er einen großen Fisch von mindestens 50 cm Länge in die Luft, der sprang und zappelte, wieder im Wasser verschwand und abermals heraushüpfte.
"Non, c'est un **brochet**. **Quel engin!**", rief der Vater. "**Vas-y!** Tire, tire ... oui, c'est bon!"
Onkel Jean, Alex und Nina folgten gebannt der Leine, die wenig später den Fisch ans Ufer warf. Als das Tier zappelnd auf der Wiese lag, wandte der Vater sich an die Neuankömmlinge.
"Bonjour!" rief er und streckte Jean und den Kindern die Hand entgegen. "C'est un très beau poisson, **n'est-ce pas**?"
"Oh oui, une belle **prise**", erwiderte Onkel Jean. "**Je m'appelle** Jean, et voici ma **nièce** Nina et mon **neveu** Alex, **nous venons d'arriver d'Allemagne**."



---

**monstrueuse** monströse
**brochet** Hecht
**Quel engin!** Was für ein Apparat!
**Vas-y!** Nur zu!
**n'est-ce pas** nicht wahr
**prise** Fang
**je m'appelle** ich heiße
**nièce** Nichte
**neveu** Neffe
**nous venons d'arriver d'Allemagne** wir sind gerade aus Deutschland angekommen

"Marcel, **enchanté**", stellte der Mann sich vor. "**Avez-vous fait bonne route?**"
Onkel Jean und Nina nickten, während Alex in Erinnerung an die vielen Kurven die Augen verdrehte.
"Oui, Thierry est un **pêcheur passionné**", meinte der Vater stolz. Dann wandte er sich erneut seinem Sohn und dessen Fang zu.
Nina schaute weg, als er den Fisch gegen einen Uferstein schlug, um ihn zu töten.
"Moi aussi, j'aime pêcher", sagte Onkel Jean mit interessiertem Blick auf Thierrys Gerätschaften. "Demain, **je me lancerai** ...."
"Vous savez, chez nous, le pêcheur c'est Thierry. Ma femme et moi, nous préférons lire ou faire des randonnées. Les **montagnes** sont **si** belles ici ...."
"**Eh bien**, moi ...", Onkel Jeans Kopf wackelte leicht von links nach rechts, "je ne suis pas un **randonneur**."
Hinter ihm kicherte Nina und strich sich das Wasser aus den blonden, mittellangen Haaren. Sie wusste, wie sehr Onkel Jean es hasste, zu wandern oder Berge



---

**enchanté** angenehm
**Avez-vous fait bonne route?** Hatten Sie eine gute Fahrt?
**pêcheur passionné** leidenschaftlicher Angler
**je me lancerai** werde ich loslegen
**montagnes** Berge
**si** so
**eh bien** nun ja
**randonneur** Wanderer

hinaufzukraxeln. Sonst wäre er wohl mit seiner Frau in die Pyrenäen gefahren. Nein, er liebte spärliche Bewegungen, Musikhören und lange Blicke aufs Wasser, ab und an ein Bier mit Freunden – und natürlich seinen Kontrabass.

"C'est **vraiment** un brochet?", fragte Alex zu dem Jungen gewandt.

"Bien sûr", antwortete Thierry stolz. "Où habitez-vous en Allemagne?"

"À Heidelberg."

"Ah, Heidelberg", antwortete Thierry mit wissendem Gesicht.

Nina fand seine Miene reichlich altklug.



"Vous restez **combien de temps**?"

"Dix jours."

"Nous aussi, on **repart** dans dix jours. On vient de Metz."

Es war sechs Uhr abends, als Onkel Jean mit den beiden Kindern im frisch aufgepumpten Schlauchboot eine kleine Runde über den See drehte.

Thierry war schon vor einer Weile widerwillig mit den Eltern zum Wandern aufgebrochen. Fast hatte er Nina leid getan, als sie ihn geknickt seine Angelsachen

---

**vraiment** wirklich
**combien de temps** wie lange
**repart** reisen … wieder ab

zusammenpacken sah. Seine Handgriffe schienen tatsächlich die eines geübten Anglers zu sein. Und immerhin hatte er vor ihren Augen einen beachtlichen Hecht gefangen. Wie stolz er darauf gewesen war, hatte jede seiner Bewegungen und sein zufriedenes rundes Gesicht gezeigt.

"**Quel frimeur**", meinte Alex, als Nina wieder von dem Hecht anfing.

"**N'empêche qu'il peut être sympa**", schaltete sich Onkel Jean ein. "**On ne sait jamais**, Alex."

Onkel Jean saß an den Rudern, während Alex und Nina ihre Blicke von der Seeseite mit dem bewaldeten Berghang zu den Zeltplätzen auf der gegenüberliegenden Seite hin und her wandern ließen. Am waldigen Ufer lagen Kanus, Motor- und Tretboote in einer kleinen Bucht. Dahinter erkannte man ein Holzhäuschen, die Verleihstation, die wie ein Bergchalet aussah und eine breite Caféterrasse besaß. Die Terrasse war gespickt voll mit Leuten in leichter Sommerkleidung. Einige Meter von dem Häuschen entfernt spielten Kinder Ball und Nachlaufen. Hundegebell mischte sich in ihre Rufe und ihr Gelächter. Obwohl lebhafter Betrieb herrschte, strahlte der Boots-



---

**quel frimeur** was für ein Angeber

**N'empêche qu'il peut être sympa.** Deswegen kann er trotzdem nett sein.

**on ne sait jamais** man weiß nie

verleih am Waldrand etwas sehr Gemütliches und Einladendes aus.
An der Seespitze erhob sich das einzige Hotel weit und breit, *La Lisière*, und gleich daneben erkannte man ein Schild mit der Aufschrift "Minigolf".
"**J'aimerais bien y** aller **un de ces jours**", sagte Nina.
"Oui", antwortete Onkel Jean, "et nous pourrons **faire du pédalo** ou **du canoë**."
Inzwischen saß Alex an den Rudern und steuerte das Boot auf einen Strand zu. Hier war das Wasser flacher und viele Badegästen tummelten sich darin. Kinder bespritzten sich, eine Gruppe Jugendlicher spielte Wasserball und auf einem riesigen, knallgrünen Plastikkrokodil saß ein Mädchen mit Schwimmflügeln und winkte ihnen zu. Sie zogen mit ihrem Schlauchboot am Strand vorbei und näherten sich wieder dem Campingplatz.
"Regardez, nos voisins sont arrivés!", rief Alex auf einmal.
Im Garten des Hauses sah man zwei Männer Richtung Wasser gehen. Der dünnere von beiden trug eine Tüte, aus der er mehrere Bierdosen holte und ins Wasser stellte.



---

**j'aimerais bien** ich würde gerne
**y** dorthin
**un de ces jours** in den nächsten Tagen
**faire du pédalo** Tretboot fahren
**(faire) du canoë** Kanu fahren

“Bonjour”, rief Onkel Jean den beiden Männern zu, als Alex das Boot vorsichtig zwischen den dicken Steinen am Ufer hindurchmanövrierte.
Der Ältere schien in Jeans Alter zu sein, etwa Ende Dreißig, und trug eine gestreifte Badehose. Sein drahtiger Körper und sein kurz geschnittenes braunes Haar gaben ihm ein sehr sportliches Aussehen. Der andere war ein schlanker Jugendlicher, der jetzt in lässiger Pose neben dem Älteren stand. Beide grüßten freundlich zurück.
“On va dans l’eau?”, fragte der Jüngere den Älteren.
Es dauerte nicht lang, da schauten Alex, Nina und Onkel Jean vom Ufer aus zwei Köpfen hinterher, die in gerader Bahn durch den See zogen. In der auf dem Wasser glitzernden Spätnachmittagssonne sahen sie aus wie Bojen, die langsam auf das andere Ufer zusteuerten und dabei immer kleiner wurden.

## Getarnte Nachbarschaft

Fssss. Wieder dieses pfeifende Geräusch. Da sie schon hellwach war, kroch Nina aus ihrem Schlafsack und zog vorsichtig den Reißverschluss des Innenzeltes auf. Das Ratschen ließ sich beim besten Willen nicht vermeiden, und deshalb war es auch unmöglich, sich aus dem Zelt zu schleichen wie aus einem Zimmer. Aber das Fssss, das von draußen kam, klang anders. Nina fragte sich, ob es eine fremde Vogelart war, ein "Vogesenpfeifer" vielleicht, oder eine seltsame Grillenart, die schon im Morgengrauen zu zirpen begann.

"Was machst du so früh?", brummte es hinter ihr.



Mist, jetzt hatte sie trotz aller Vorsicht Alex geweckt.

"Ich muss was nachsehen", antwortete Nina und steckte ihren Kopf aus dem Zelt.

"Was denn?"

Fssss, machte es wieder. Und da sah sie, was es war: Das Pfeifen kam von der Angelschnur, die Thierry auf den See hinausschleuderte. Der Junge war ja richtig fanatisch. Schon in aller Frühe machte er Jagd auf Hechte und Forellen.

"Der große Angler ist wieder in Aktion!", raunte Nina. Im nächsten Moment hockte Alex neben ihr und schaute ebenfalls hinaus. Der Anblick des morgendlichen Sees schien ihm die Sprache zu verschlagen.

Vor ihnen lag der See wie ein riesiger dunkler Spiegel, aus dem weißlicher Dunst aufstieg und alles in eine Zauberlandschaft verwandelte. Stille hüllte den tiefgrünen See ein, eine Stille, die von den dunklen Tannen auszugehen schien und sich über alles legte. Die große Ruhe verleitete einen automatisch zum Flüstern, wie in den Museen, in denen die Eltern sie immer mahnten, nicht laut zu reden oder zu lachen. Inmitten der Dunstschwaden sah man drei Boote in großem Abstand voneinander über die dunkle Wasserfläche gleiten. Sie bewegten sich wie Traumgestalten über einen verwunschenen See.

Am Holzhäuschen des Bootsverleihs waren noch die Läden geschlossen und Tische und Stühle standen zusammengepfercht am Rand der Terrasse. Kanus und gelbe Tretboote schaukelten gemächlich vor sich hin und warteten auf Gäste. Keine Menschenseele regte sich am anderen Ufer, und falls schon Jogger oder frühe Wanderer unterwegs waren, konnte man sie von hier aus nicht sehen, da Uferstraße und Waldwege von Tannen verdeckt waren.
Plötzlich platschte es.
Hatte Thierry schon wieder was an der Angel? Tatsächlich, er kämpfte mit seiner Rute, er zog und zog, als hätte er ein Walross am Haken, und plötzlich saß er im Gras. Nina musste laut auflachen und schlug sich sofort erschrocken die Hand vor den Mund. Erstaunt drehte der Junge sich zu ihr und Alex um. Sie waren ertappt.

Beide Kinder schlüpften in ihre Gummilatschen und krabbelten aus dem Zelt. Als sie zwei Stellplätze weiter bei dem Franzosen angekommen waren, schimpfte dieser leise: "**Zut**, je ne l'ai pas eu! Mais le prochain, je l'aurai!"

"Tu commences **vachement** tôt", meinte Alex, und in seiner Stimme schwang, ganz gegen seinen Willen, Bewunderung mit.

"**Chut**", zischte Thierry, "les poissons nous entendent. **D'ailleurs**, je ne suis pas **le seul** à pêcher **tôt le matin**. Regarde les pêcheurs sur le lac."

"Oui, on les a déjà vus", schaltete sich Nina ein.

"Mes parents ne savent pas que **je suis déjà levé**", flüsterte der Junge und verzog das Gesicht zu einem Grinsen.



In Ninas Augen machte ihn das gleich etwas weniger unangenehm.

"Je suis venu pour pêcher. Je n'ai pas **envie** de **faire de la marche du matin au soir**."

---

**zut** verdammt
**vachement** echt
**chut** pst
**d'ailleurs** übrigens
**le seul** der einzige
**tôt le matin** frühmorgens
**je suis déjà levé** ich schon auf bin
**envie** Lust
**faire de la marche** wandern
**du matin au soir** von morgens bis abends

"Pauvre Thierry", sagte Nina in mitleidigem Ton.
Thierry sah sie mit zusammengekniffenen Augen an, als frage er sich, ob Nina das ernst meinte oder ihn auf den Arm nahm. Dann hielt er abermals stoisch die Angel ins Wasser, und alle drei schauten wieder stumm den Booten auf dem See zu. Die einsamen Fischer in ihrer dunklen Kleidung saßen reglos an ihren Rudern und zogen Angelschnüre im Fahrwasser ihrer kleinen Kähne hinter sich her. Die Ruten hatten sie im Boot festgesteckt. Nur manchmal stand einer auf und machte sich an irgendetwas zu schaffen, was die Kinder vom Ufer aus nicht erkennen konnten.
"Mensch, Nina, mein Fernglas …", rief Alex plötzlich und fing sich sogleich einen bösen Blick und ein "chut" von Thierry ein.
Er lief zum Zelt und kam nach kurzer Zeit mit dem kleinen klappbaren Fernglas zurück, das Onkel Jean ihm kürzlich zum Geburtstag geschenkt hatte.
Abwechselnd beobachteten sie die Fischer in ihren Booten und suchten die andere Uferseite ab. Aber außer zwei streitenden Enten war an diesem Morgen nichts Besonderes durch die Vergrößerungsgläser zu erkennen.

Nachdem die Kinder Thierry noch eine Weile Gesellschaft geleistet hatten, suchten sie den Waschraum auf. Dann begutachteten sie den Sportbereich mit Boule-Platz, Tischtennisplatten und Volleyballfeld. Eine schwarze Katze kam des Wegs und lief scheu davon, als Nina sie streicheln wollte.

Als die Kinder zurückkamen, kroch gerade Onkel Jean aus dem Zelt.
"Bonjour", rief er fröhlich und reckte sich. "J'ai envie d'un bon petit déjeuner. **Avez-vous faim**, les enfants?"
Heftig gestikulierend gaben Alex und Nina ihm zu verstehen, er solle leise sein, weil er sonst Thierry beim Angeln störe. Dann sagten ihnen ihre knurrenden Mägen, dass ein Frühstück keine schlechte Idee war.
Nachdem Onkel Jean sich etwas übergezogen hatte, gingen sie zu dritt zu dem kleinen Laden hinauf, wo es Camperzubehör und Lebensmittel zu kaufen gab – und natürlich frische Backwaren.
In einem Zeitungsständer steckten französische und internationale Zeitungen. Onkel Jean fischte sich das Vogesenblättchen und ein Exemplar von ***Le Monde*** heraus und kaufte ein Baguette und mehrere Croissants. Dann gingen sie zum Seeufer zurück und machten sich ihr erstes Camperfrühstück.

"Voici *La Lisière*", verkündete Onkel Jean.
Auf ihrem Spaziergang rund um den See kamen sie gerade an einem großen, zweistöckigen Haus im Stil



---

**avez-vous faim** habt ihr Hunger
***Le Monde*** (wörtlich: „Die Welt") französische Tageszeitung

eines Bergchalets vorbei. Mehrere Autos parkten davor, und nebenan vergnügten sich einige Urlauber auf der Minigolfanlage.
"**Si** vous voulez, cet après-midi ou demain, on pourra venir jouer."
"Cet après-midi? Oui!!", schallte es ihm entgegen.
"**Mollo!**", rief Onkel Jean. "**Il y a encore d'autres activités.** Au petit café de monsieur et madame Bertrand, ils **louent** des pédalos et des canoës."

In der Biegung tauchte der Bootsverleih *La* ***Clairière*** auf. Eine pummelige Frau mit rötlichen Locken wischte gerade mit einem Lappen die Terrassentische ab. Noch war wenig los. Ein Mann saß vor einem Glas Wein und las ein Buch.
"Bonjour Madame Bertrand", rief Onkel Jean der Frau zu, die sich umwandte und den Gruß mit strahlender Miene erwiderte.
"Et votre femme? Pourquoi n'est-elle pas venue?", fragte sie.
"Cette année, elle a voulu faire de la marche dans les Pyrénées."



---

**si** wenn
**Mollo!** Mal langsam!
**Il y a encore d'autres activités.** Es gibt auch noch andere Aktivitäten.
**louent** verleihen
**clairière** Waldlichtung

"Mais, comme je vois, vous êtes **en bonne compagnie**. Bonjour!" Freundlich reichte sie Alex und Nina die Hand.

"**Vous avez raison**", lachte Onkel Jean. "**Je vous présente** mon neveu Alex et ma nièce Nina qui sont venus avec moi pour **connaître** le lac, le **camping** – et votre délicieuse glace!"

"C'est gentil. **Espérons** que la saison sera bonne. L'année dernière, la pluie **nous a coûté cher**!"

"Cette année, les enfants vont **se gaver** de glace, **même s'il pleut**.... Quel **parfum vous ferait plaisir**?", wandte er sich an die Kinder.

Während Nina und Alex sich ein Eis aussuchten, grüßte eine männliche Stimme aus dem Inneren des Häuschens die drei, und gleich darauf trat ein Mann in verwaschenem T-Shirt und Arbeitshose heraus.

"**Vous voilà de retour!**"



---

**en bonne compagnie** in guter Gesellschaft
**vous avez raison** Sie haben recht
**je vous présente** ich stelle ihnen … vor
**connaître** kennen lernen
**camping** Campingplatz
**espérons** wollen wir hoffen
**nous a coûté cher** ist uns teuer zu stehen gekommen
**se gaver (de)** sich … vollstopfen
**même s'il pleut** auch wenn es regnet
**parfum** Eissorte
**vous ferait plaisir** *hier:* hättet ihr gern
**Vous voilà de retour!** Da sind Sie ja wieder!

"Oui, cette année avec ma nièce et mon neveu."
Eilig begrüßte der Mann die Kinder und rief in den Laden: "Marie, je dois vite **partir à Colmar** chez un **fournisseur**. Excusez-moi, monsieur. **J'ai beaucoup de travail en ce moment.**"
"Oui, bien sûr, bonne journée!", rief Onkel Jean dem schon wieder davon eilenden Mann hinterher.
So kannte er den ruhigen Monsieur Bertrand gar nicht, der sich die meiste Zeit um den Bootsverleih und die Instandhaltung von Terrasse und Spielplatz kümmerte. Seine Frau verkaufte im Laden, bereitete kleine Speisen zu und bediente die Gäste auf der Terrasse. Wenn das Geschäft lief, waren beide von morgens bis abends emsig zugange, aber auf eine angenehm ruhige, gelassene Art.
"Cet après midi, je viendrai **prendre** mon café, **comme d'habitude**. Et les enfants pourront **goûter** vos crêpes", meinte Onkel Jean zu der kleinen rothaarigen Frau, nachdem er das Eis bezahlt hatte.
"Très bien", antwortete die Frau.



---

**partir à Colmar** nach Colmar fahren (französische Stadt im Elsass)
**fournisseur** Lieferanten
**J'ai beaucoup de travail en ce moment.** Ich habe im Moment viel Arbeit.
**prendre** *hier:* trinken
**comme d'habitude** wie gewöhnlich
**goûter** probieren

Sie verabschiedeten sich und setzten ihre Runde um den See fort. Mittlerweile war es heiß geworden. Eine Zeitlang ging es an der Straße entlang, dann führte ein Pfad hinunter zum Ufer und gab den Blick frei auf Anglerboote, die zwischen buschigem Seegras im Wasser schaukelten. Der Weg zog sich fast zwei Kilometer bis zum Ende des Gewässers, wo er in einen großen Park mündete. Zahlreiche Feriengäste saßen auf einer großen Caféterrasse, lagen auf der Wiese oder spielten Volleyball. Auch hier konnte man Boote mieten. Aber so hübsch und gemütlich wie an der *Clairière* war es hier nicht.



"Un **musicien** doit **beaucoup s'exercer**", begann Onkel Jean, als sie auf der anderen Seeseite wieder Richtung Campingplatz spazierten. "Je vais donc, **de temps en temps**, **jouer de la contrebasse**."
"As-tu **amené** ta contrebasse?", fragte Alex verwundert. Das wuchtige Instrument hätte er doch unmöglich übersehen können.
"Non, je **ferai semblant**."
Zwei fragende Gesichter schauten ihn an.

---

**musicien** Musiker
**beaucoup s'exercer** viel üben
**de temps en temps** ab und zu
**jouer de la contrebasse** Kontrabass spielen
**amené** mitgebracht
**ferai semblant** werde so tun als ob

"Je prends une **planche au lieu** de la contrebasse. Et la musique, je l'entends dans ma tête."
"Tu es vraiment **marrant**", lachte Nina.
Schon manches Mal hatten die beiden Kinder ihren Onkel auf der Bühne bewundert, bei kleinen Matinées oder großen Abendkonzerten, in Jazzkellern und auf Freilichtbühnen. Da stand er dann an seinem riesigen dunkelbraunen Kontrabass, ließ selbstvergessen die Finger über den langen Hals wandern und zupfte oder strich über die dicken Saiten.
Jean hing so sehr an seinem Instrument, dass er, selbst wenn er das Ungetüm nicht mitnehmen konnte, stets sein Döschen mit Kolophonium in der Tasche trug. Der Geruch dieses Spezialharzes, mit dem Streichmusiker die Rosshaare ihrer Bögen behandeln, damit sie besser an den Saiten haften, sollte ihn stets begleiten. Die Kinder kannten seinen Talisman gut: ein kleines Metalldöschen mit einem roten Deckel, auf dem "Royal Bass Kolophonium" stand. Jean wurde oft belächelt wegen seiner Manie, das Döschen überallhin mitzunehmen. Seine Frau Monika dagegen hatte sich längst daran gewöhnt. Sogar sein Schnäuzer verströme beim Küssen einen zarten Harzgeruch, sagte sie – das sei eben ihr Jean, wie sie ihn liebe.



**planche** Brett
**au lieu** anstelle
**marrant** ulkig

Zurück auf dem Zeltplatz, sprangen die Kinder ins Wasser, und Onkel Jean zog sich in den Schatten des dicken Uferbaumes zurück. Dort klappte er einen Notenständer auf, legte sich seine Partitur zurecht und stellte den imitierten Basshals auf einen Campingstuhl. Dann griff er mit der Linken die imaginären Saiten und zupfte sie mit der Rechten. Er versank in Klängen, die außer ihm keiner hörte. Nur ab und an schaute er auf, legte den Kopf ein wenig in den Nacken und atmete tief die Seeluft ein.

Ein schrulliger Onkel wie Jean war den Kindern lieber als jemand, der sie dauernd bemutterte und belehrte. Außerdem konnten sie von Glück sagen, dass sie mit ihm keine großen Bergtouren würden unternehmen müssen. Ein wenig die Berghänge zu erkunden, hatten sie zwar schon Lust, aber eine kurze Tour konnten sie ja vielleicht mit Thierry machen. Sicher würde er sich dabei als erfahrener Bergführer aufspielen, aber sie brauchten ja nicht die ganze Zeit zuzuhören.



Eine Weile lang spielten sie im Wasser Frisbee, und als Thierry mit seinen Eltern auftauchte, luden sie ihn zu einer Schlauchbootfahrt ein. Onkel Jean mussten sie allerdings versprechen, nicht bis in die Seemitte hinauszupaddeln.

Auf dem Nachbargrundstück wurde unterdessen geangelt. Die beiden Feriengäste standen nebeneinander am

Ufer und taten dasselbe wie Thierry am Morgen, nämlich nichts. Wie stumme Götzen sahen sie aus. Vielleicht, dachte Nina, versuchen sie die Fische mit speziellen Anglerblicken zu beschwören, so gebannt, wie sie aufs Wasser starrten.
Trotz des warmen Wetters trug der Jüngere eine lange, dunkelgrüne Hose. Der Ältere hatte Jacke und Hose aus einem fleckigen grünlichen Stoff an. War er ein Soldat, der nicht einmal in den Ferien seine Berufskleidung ablegte?
"C'est pour **se camoufler**. **Ainsi**, les poissons ne les verront pas", erklärte Thierry, als Nina ihn im Boot darauf ansprach.
Die beiden Männer schauten kurz zu den Kindern herüber und grüßten, bevor sie sich wieder ihrer stillen Beschäftigung hingaben.



Die Sonne brannte nicht mehr ganz so heiß, als Onkel Jean den beiden Kindern vorschlug, zur Minigolfanlage zu gehen. Danach würden sie noch rasch etwas Brot und Salat kaufen und dann wollte auch Onkel Jean sein Anglerglück versuchen und mit den Kindern seinen ersten Fisch aus dem Lac de Longemer grillen. Sicherheitshalber hatte er aber aus Heidelberg ein paar Dosen Würstchen mitgebracht.

---

**se camoufler** sich zu tarnen
**ainsi** auf diese Weise

Nina stellte sich beim Golfen sehr geschickt an und traf die Löcher anfangs mit viel weniger Schlägen als Onkel Jean und Alex. Bei Loch vier wollte sie gerade stolz "**Seulement en deux coups!**" rufen, da hörte man von dem kleinen Kassenhäuschen am Eingang der Anlage lautes Gebrüll herüberschallen. Eine wütende Stimme schrie etwas, was die Kinder nicht genau verstehen konnten und Onkel Jean nicht übersetzen wollte. Gleich darauf sah man einen gedrungenen Mann mit dichtem, wie eine Bürste vom Kopf abstehendem Haar aus dem Kassenhäuschen marschieren. Der Minigolfbetreiber, ein großer, hagerer Bursche, trat hinter ihm aus dem kleinen Holzhäuschen und wirkte betreten. Dann warf er den Golfern, die allesamt die Köpfe Richtung Eingang gewandt hatten, einen Blick zu, der soviel bedeutete wie: Alles in Ordnung, spielen Sie ruhig weiter.

"Scheint ein ekliger Typ zu sein, der mir dem Mecki", sagte Alex halblaut zu Nina.

"C'est le **propriétaire de l'hôtel**. Il **s'énerve** vite", erwiderte Onkel Jean.

"Le **gérant** du minigolf **me fait de la peine**", sagte Nina nachdenklich.



---

**Seulement en deux coups!** Mit nur zwei Schlägen!
**propriétaire de l'hôtel** Hotelbesitzer
**s'énerve** regt sich … auf
**gérant** (Minigolf-)Pächter
**me fait de la peine** tut mir leid

"**Allez, on continue à jouer!**", rief Alex und versenkte den Ball in Loch fünf.

Schließlich holte Alex bravourös auf und gewann die Partie, was Nina maßlos ärgerte. Sie hatte so gut angefangen! Aber an den schwierigeren Hindernissen war Alex einfach besser gewesen, sogar besser als Onkel Jean, der eine Weile vorn gelegen hatte.
Als sie auf die Kasse zugingen, um ihre Schläger zurückzugeben, redete der Pächter gerade leise und eindringlich auf sein Handy ein. Irgendetwas in seinem Gesicht saß schief, fand Nina. Sie hätte nicht einmal sagen können, was es eigentlich war, es erinnerte sie nur irgendwie an ein Stück Stoff, das sich beim Bügeln verzogen hatte. Als Onkel Jean und die Kinder näher kamen, flüsterte der Mann eilig etwas ins Handy und legte auf. Vielleicht hatte er seiner Frau oder einem Freund von dem Streit erzählt. Mit gerötetem Gesicht nahm er die Schläger und den kleinen weißen Ball entgegen.
"**Qui est-ce qui** a gagné?", fragte er in die Runde.
Nina konnte es sich nicht verkneifen, "Moi, presque!", zu rufen.
Neben ihr schlug Alex sich mit der Hand gegen die Brust und sagte stolz: "C'est moi."



---

**Allez, on continue à jouer!** Los, spielen wir weiter!
**qui est-ce qui** wer

Der Minigolfmann nickte anerkennend. "**Bonne soirée**", wünschte er und verschwand wieder in seinem Häuschen.

Leider ging der gute Wunsch des Mannes nicht ganz in Erfüllung. Denn der Abend wurde von einem beunruhigenden Ereignis überschattet.
Auf dem Rückweg waren Onkel Jean und die Kinder zum Einkaufen in den kleinen Laden am Campingplatz gegangen und auf ein aufgeregtes Grüppchen französischer und ausländischer Camper gestoßen, die hitzig diskutierten.
Auf einem Stuhl saß ein junger Mann im Jogginganzug, der aus der Nase blutete und verschiedene Schürfwunden hatte. Sein linker Oberarm war verbunden. Jemand desinfizierte gerade eine Wunde an seiner Stirn. Die Kinder näherten sich.
"Son bras était **couvert de sang**", hörte man jemanden.
"Il y a des **bandits** partout! On ne peut plus faire de randonnées tranquilles maintenant!", beklagte sich ein anderer.
"Qu'est ce qui s'est passé?", fragte Onkel Jean in die Runde.



---

**bonne soirée** schönen Abend
**couvert de sang** blutüberströmt
**bandits** Ganoven

"Ce jeune homme **a fait du jogging dans la montagne** et il **a été agressé**", erklärte eine Frau. "Il a été **blessé** avec un couteau."
"**Rien de grave, j'espère**", erwiderte Onkel Jean besorgt. "Avez-vous compris ce qui s'est passé?", fragte er die Kinder, die erschrocken nickten.
"Le jeune homme, a-t-il **décrit** l'**agresseur**?", fragte er dann die Frau.
Daraufhin schaltete sich der verletzte Jogger selbst ins Gespräch ein: "C'était **une espèce de soldat**. Il portait des **vêtements de camouflage**."
Ein aufgebrachter Mann rief: "Voilà! C'est la faute de ce **centre là-bas** qui **organise des jeux de guerre**. Et les gens **deviennent agressifs**!"
Während die Kunden heftig weiterdiskutierten, bezahlte Onkel Jean die Lebensmittel. Dann liefen sie



---

**a fait du jogging** ist joggen gegangen
**dans la montagne** in den Bergen
**a été agressé** ist überfallen worden
**blessé** verletzt
**rien de grave, j'espère** hoffentlich nichts Ernstes
**décrit** beschrieben
**agresseur** Angreifer
**une espèce de soldat** eine Art Soldat
**vêtements de camouflage** Tarnkleidung
**centre** Zentrum
**là-bas** dahinten
**organise des jeux de guerre** Kriegsspiele organisiert
**deviennent agressifs** werden aggressiv

den Hang hinunter zu ihren Zelten. Die Stimmung war gedrückt.

Onkel Jean war es nicht gelungen, auch nur einen vernünftigen Fisch zu fangen. Drei kleine Dinger hatte er aus dem Wasser geholt, aber da sie noch nicht ausgewachsen waren, hatte er sie wieder zurückgeworfen.
"Das arme Fischchen", sagte Nina, der es vorkam, als hätte er immer wieder denselben Fisch an der Angel gehabt.
Obwohl Onkel Jean ihr versicherte, dass die kleine Verletzung am Maul des Tieres rasch heilen würde, fragte sich Nina, ob ein zurückgeworfener Jungfisch noch ein angenehmes Leben führen konnte.
Schließlich musste Onkel Jean wohl oder übel eine Dose mit Würstchen aufmachen, die wenig später auf dem Campingkocher im heißen Wasser zogen. Alex wusch den Salat und Nina deckte den kleinen Campingtisch.
Als sie ans Ufer trat, um Onkel Jeans kaltgestelltes Bier aus dem Wasser zu holen, fiel Ninas Blick auf das Nachbargrundstück, wo der junge Mann, die Angelrute in der Hand, mit seinem Handy telefonierte. Als Nina sich wieder erhob, hörte sie einen Wagen neben dem Haus parken. Kurz darauf kam der ältere Mann, in seiner militärischen Tarnkleidung und mit einem länglichen Futteral in der rechten Hand, zum Ufer herunter.

Nina lief ein Schauer über den Rücken. War das vielleicht der Mann in Tarnkleidung, von dem am Nachmittag im kleinen Laden die Rede gewesen war? Hatte er den Jogger überfallen? Die längliche Tasche, die der Nachbar da in der Hand hatte, enthielt vielleicht gar kein Angelzeug, sondern war ganz einfach eine getarnte Waffentasche. Womöglich war der Mann alles andere als ein harmloser Angler.

Nina lief zurück zu Onkel Jean und Alex, die mit hungrigen Gesichtern auf den Würstchentopf blickten.

"Le voisin ...", wisperte sie. "Il porte des vêtements de camouflage. Et si c'était lui l'agresseur du joggeur?"



"Mais non. C'est un pêcheur qui **se déguise** pour **tromper** les poissons", versuchte Onkel Jean sie zu beruhigen.

Aber seiner Miene sah man an, dass auch in seinem Kopf ein kleines Räderwerk zu arbeiten begonnen hatte.

---

**se déguise** sich verkleidet
**tromper** zu überlisten

# Angeln im Morgengrauen

Sie passten gerade eben in das kleine Schlauchboot. Am Heck saß Onkel Jean, der Angler-Kapitän, auf einem luftgefüllten Kissen, neben sich eine Kiste mit Angelzubehör, unter den Beinen einen Eimer und in der Hand die Angelrute. Ihm gegenüber saßen Nina und Alex hintereinander in ihren Kapuzenjacken, denn noch war es ein bisschen kühl. Sie hatten ausgemacht, dass sie sich mit dem Rudern abwechseln würden, damit ihr Onkel freie Hand für den Fischfang hatte.

"Jetzt bin ich mal wieder dran", wisperte Nina Alex zu, der schon eine ganze Weile am Ufer entlang gerudert war.

Genervt verzog er die Mundwinkel. Dann reichte er seiner Schwester nacheinander die beiden Paddel, griff in die Tasche seiner Kapuzenjacke und zog das Fernglas heraus.

Während Onkel Jean seine Angel übers Wasser hielt und konzentriert in die dunklen Fluten schaute, morgendlichen Fischschwärmen auflauernd, hob Alex sein Fernglas an die Augen und richtete es auf die Konkurrenz. Fünf Boote hatten sie im Morgendunst auf dem See entdeckt. Zwei davon lagen am anderen Ende des Sees, in der Nähe des großen Parks, und schienen sich dort gar nicht von der Stelle zu bewegen. Erst wenn man länger nicht in ihre Richtung

geschaut hatte und dann wieder hinsah, merkte man, dass sie weitergefahren waren. Drei Boote zogen durch die Seemitte und den Bereich in der Nähe des Bootsverleihs.
Onkel Jean grinste. Er dachte daran, wie Nina und Alex am Abend zuvor gebettelt und gequengelt hatten, lange und ausdauernd, wie nur sie beide es konnten. Bis er schließlich nachgegeben hatte. Er wollte sein Glück am frühen Morgen versuchen, da ließen Fische sich am einfachsten überlisten, viele kamen sogar nah ans Ufer, weil um diese Zeit keine menschlichen Geräusche sie verscheuchten. Er hatte gedacht, so eine stille morgendliche Fahrt – denn Stille war dabei das A und O – würde den Kinder niemals gefallen. Aber er hatte sich getäuscht. Ein morgendlicher Fischfang auf dem schlafenden See mit seinen gespenstischen Bootsgestalten erschien den Kindern ungemein spannend. Sie bearbeiteten ihren Onkel so lange, bis er sich knurrend bereit erklärte, sie zu wecken und mitzunehmen.



Das Wecken war gar nicht nötig gewesen. Nina war vor Aufregung schon früh wach geworden und hatte ungeduldig gewartet, bis es soweit war, auch Alex zu wecken. Sie waren in ihre Sachen geschlüpft, hatten sich ihre Kapuzenjacken übergezogen und waren zu Onkel Jean hinaus geschlichen, der schon dabei war, eine Thermoskanne mit heißem Tee zu füllen. Vorsichtig hatten sie das Boot zu Wasser gelassen, die Angelsachen hineingepackt und waren zwischen ein paar neugierigen Enten in die gruselige Stille hinausgepaddelt.

Der erste Angler, den Alex vor der Linse hatte, war ein älterer Mann mit Schirmmütze auf dem Kopf, der langsam rudernd in einem schäbigen Holzkahn mit abgeblätterter Farbe saß. Gleich drei Angeln stakten aus seinem Boot und zogen ihre Leinen hinter sich her. Der Mann rührte sich so gut wie gar nicht. Auch die Fische schienen alle noch zu schlafen.
Alex' Augen wanderten weiter zum nächsten Boot. Darin befanden sich zwei Männer, einer mit grünbräunlich gefleckter Jacke und kurzem Haar, der zweite, von ähnlicher Statur, im dunklen Pulli und eine Baseballkappe auf dem Kopf. Hier ging es lebhafter zu, sie schienen sich aufgeregt zu unterhalten. Schade, dass man sie nicht verstehen kann, dachte Alex. Es war wie Fernsehgucken ohne Ton. Als der Mann den Kopf in seine Richtung wandte, ließ Alex instinktiv, wie ertappt, das Fernglas sinken. Dann stutzte er. War das nicht der ältere der beiden Nachbarn aus dem Ferienhäuschen? Er hatte genauso eine Tarnjacke an wie der. Und das Haar genauso kurz geschnitten. Alex hob die Gläser wieder an die Augen. Das Gesicht des Mannes konnte er nicht erkennen, obwohl dieser schon wieder in seine Richtung schaute.

Es war einfach noch zu dämmrig. Umso besser, dachte Alex, der Mann ist doch ein Angler und kein Brutalo, der im Wald Leute überfällt.
"Lass mich auch mal gucken", bat Nina, weil Alex nun schon eine Weile gebannt geradeaus blickte.
"Du ruderst doch!"
"Wir können auch wieder tauschen." Mensch, war ihr Bruder stur!
"**Arrêtez** de parler, vous **faites fuir** les poissons!", zischte Onkel Jean.
Nina zog Alex an seiner Jacke, einmal, zweimal, und hielt ihm stumm ein Ruder hin. Der drehte sich um und warf seiner Schwester einen finsteren Blick zu. Schließlich hob er zwei Finger und formte mit den Lippen stumm die Worte "zwei Minuten".
Seufzend nahm Nina das langsame Rudern wieder auf. Genau in diesem Moment zerrte Onkel Jean an seiner Angel. Etwas schien angebissen zu haben. Alex ließ das Fernglas in den Schoß sinken und starrte gebannt auf die Angelschnur. Der Schwimmer war im Wasser versunken. Auch Nina hörte auf zu rudern. Im nächsten Augenblick schoss der Haken mit einem zappelnden bräunlichen Wesen aus dem Wasser.
"Une truite", raunte Onkel Jean. "Une truite!"



---

**arrêtez** hört auf
**faites fuir** verscheucht

Eilig zog er das Tier ins Boot. Beeindruckt betrachteten die Kinder das glitschige und nicht gerade kleine Tier. Nina war auf einmal heilfroh, dass sie hinter Alex saß. Aber sie wollte trotzdem genau mitbekommen, wie es jetzt weiterging.
"Restez assis", befahl Onkel Jean, als Nina Anstalten machte aufzustehen. Er hatte das Tier mit einer Hand fest gepackt und zog ihm behutsam den Haken aus dem Maul. Dann füllte er den Eimer mit ein wenig Seewasser und legte die zappelnde Forelle hinein.
Da entdeckte Nina das Fernglas, das in der Aufregung auf den Boden des Schlauchboots gerutscht war. Während Alex neugierig verfolgte, wie Jean einen neuen Wurm auf den Haken spießte, griff Nina nach dem begehrten Objekt. Sie hob es an die Augen.
Wie nah mit einem Schlag das dunstige Ufer an sie heranrückte! Die *Clairière* lag in weißen Nebel gehüllt. Ein Vogelschwarm huschte vorbei, fast meinte Nina, ihn zu spüren. Sie senkte das Glas ein wenig. Da lagen die gelben Tretboote ordentlich nebeneinander aufgereiht am Steg. Sie wanderte nach links zu den Kanus, noch etwas weiter bis zu den ersten Holzkähnen und schwenkte dann langsam wieder hinaus auf den See. Plötzlich hatte sie zwei heftig gestikulierende Männer in einem schwankenden Boot im Blickfeld. Sie erschrak so heftig, dass sie das Fernglas kurz sinken ließ. Auch mit bloßem Auge sah man jetzt, wie der Kahn, der vielleicht 300 Meter entfernt lag, im Wasser schwankte.

Nina hob das Glas wieder an die Augen. Einer der Männer trug eine Jacke aus geschecktem Militärstoff. War das nicht ihr Nachbar? Er hatte seinen Begleiter am Arm gepackt, jetzt schüttelte er ihn, so dass das kleine Boot erneut bedenklich wankte. Der andere Mann wehrte sich, schlug seinem Gegenüber auf die Hand, die seinen Arm umklammerte. Dann schienen beide erregt weiter zu streiten. Gedämpfte Laute drangen bis zu ihr.

"Regardez les deux là-bas", wisperte Nina Alex und Onkel Jean zu, die ebenfalls in die Richtung schauten, aus der die Stimmen kamen.

"Ils **se disputent** encore?", fragte Alex. "Quand je les ai **observés tout à l'heure**, ils étaient déjà bien énervés!"



"**On dirait** qu'ils vont **se battre à tout moment**", sagte Nina.

Onkel Jean hörte nur mit halbem Ohr zu und forderte die Kinder mit einer Geste auf zu schweigen. Er hatte seinen nächsten Köder ausgeworfen und wollte sein Jagdglück auf keinen Fall verlieren. Abrupt wandte Alex sich Nina zu, um ihr das Fernglas aus der Hand

---

**se disputent** streiten sich
**observés** beobachtet
**tout à l'heure** vorhin
**on dirait** es sieht aus
**se battre** sich prügeln
**à tout moment** jeden Moment

zu nehmen, aber sie warf den Rücken nach hinten, damit er es nicht erreichen konnte. Ein großer Fehler: Eines der beiden Paddel, die sie sich auf den Schoß gelegt hatte, glitt unversehens über den Bootsrand und fiel ins Wasser.

"**Merde!**", rief Alex.

"Deine Schuld!", erwiderte Nina wütend.

"Nein, deine Schuld! Du solltest doch die Ruder festhalten!"

Genervt holte Onkel Jean seine Angelschnur ein und reichte Alex die Rute mit der strikten Anweisung, sie auf keinen Fall loszulassen. Dann schnappte er sich das an Bord gebliebene Paddel und ruderte mit kräftigen Stößen dorthin, wo das zweite Paddel ins Wasser gefallen war. Zu spät. Das Paddel war gesunken, und jeder Versuch, es aus dem Wasser zu fischen, sinnlos. Man hätte hinabtauchen müssen, aber an dieser Stelle war der See nicht nur kalt, sondern vermutlich mindestens dreißig Meter tief. Das Paddel mussten sie verloren geben.

"Qui sait combien de **rames se trouvent** déjà **au fond du lac**", meinte Alex. "Avec toutes ces **filles maladroites** comme Nina."



---

**Merde!** Scheiße!
**rames** Ruder
**se trouvent** sich … befinden
**au fond du lac** auf dem Seegrund
**filles maladroites** ungeschickten Mädchen

"Mais c'est **ta faute** ..." Ninas Stimme bebte, Tränen standen ihr in den Augen. Sie hätte Alex ohrfeigen können, am liebsten hätte sie ihn hinter dem Paddel her über Bord geschubst, von ihr aus hätte er allein ans Ufer zurückschwimmen können.

"**Ça suffit!**", fuhr Onkel Jean dazwischen. "Il est **impossible** de pêcher avec deux enfants qui se disputent **tout le temps**. **Retournons** acheter une nouvelle rame!"

"Mais non", maulte Alex.

"Mais **si**."

"**Et tout ça à cause de Nina** ..."

"**Tais-toi**, Alex. C'est la faute à vous deux."



So endete die erste morgendliche Angelfahrt. Für Onkel Jean stand fest, dass er die nächste allein machen würde, auch wenn die Kinder noch so sehr quengelten und bettelten.

Nach der abgebrochenen Angeltour beschlossen Nina und Alex, ihren Onkel in Ruhe Kontrabass üben zu

---

**ta faute** deine Schuld
**Ça suffit!** Schluss jetzt!
**impossible** unmöglich
**tout le temps** die ganze Zeit
**retournons** kehren wir um
**si** doch
**Et tout ça à cause de Nina.** Und das alles nur wegen Nina.
**tais-toi** sei still

lassen. Thierry saß vor seinem Zelt und begutachtete gerade eine Dose mit frischen Ködern. Als er die Geschwister kommen sah, fragte er sie, ob sie nicht Lust hätten, mit ihm Federball zu spielen. Eine gute Idee, fanden sie.

"Tu as entendu ce qui s'est passé hier **pas loin d'ici**?", fragte Nina den Jungen. "Le joggeur qui a été agressé ...?"

"Oui, bien sûr, tout le camping en parle."

"Qu'est-ce qu'ils en pensent, tes parents?"

"Ils n'ont plus beaucoup envie de faire des randonnées en ce moment. Je pourrai donc pêcher **plus souvent**", grinste er. "C'est **le revers de la médaille**."

Nina überlegte kurz, ob sie Thierry in ihren Verdacht einweihen sollten. Er würde doch hoffentlich dicht halten. Dann wagte sie es einfach.

"As-tu vu les deux hommes qui habitent dans la petite maison à coté du camping?"

"Oui, ce sont des pêcheurs en vacances", erwiderte Thierry.

"Nous devrions les observer", meinte Alex. "L'un des deux porte des vêtements de camouflage, **exactement** comme l'agresseur."



---

**pas loin d'ici** nicht weit von hier
**plus souvent** öfter
**le revers de la médaille** die Kehrseite der Medaille
**exactement** genau

“Et **ce matin**, quand nous sommes allés pêcher sur le lac, on l’a vu dans un des **bateaux de pêche en train de** se disputer **avec quelqu’un**. Il était très agressif.”
“Mais, on n’est pas **sûr** que c’était lui, Nina.”
“Si, moi, je suis sûre.”
“**Alors,** on les observera.” Thierry schien Feuer gefangen zu haben. “Cette maison est peut-être leur **refuge** et **la pêche** leur **couverture**.”

Der Federball flog in die unmöglichsten Richtungen, denn die Kinder waren mit ihren Gedanken die ganze Zeit bei dem verletzten Jogger und den verdächtigen Nachbarn. Gegen Thierry brauchten Nina und Alex sich allerdings nicht übermäßig zu konzentrieren, denn anders als mit der Angelrute stellte er sich mit dem Schläger reichlich tollpatschig an. Als er dreimal hintereinander hinter dem Federball her sprinten musste und dabei fast hingefallen wäre, lief sein rundes Gesicht hochrot an.



---

**ce matin** heute Morgen
**bateaux de pêche** Fischerboote
**en train de** dabei
**avec quelqu’un** mit jemandem
**sûr** sicher
**alors** also
**refuge** Unterschlupf
**la pêche** das Angeln
**couverture** Vorwand

“Tu connais **un peu** la **région**, n’est-ce pas, Thierry?”, fragte Alex ihn, als sie neben dem schnaufenden Jungen zu ihren Zelten zurückgingen.
“Oui, je la connais bien **même**, c’est **la troisième fois** que nous venons ici avec mes parents.”
Alex schwieg eine Weile.
“Tu sais”, fing er wieder an, “on a vu l’un des voisins avec un **fourreau de pêche** qui pourrait **servir à transporter** une **arme**.”
Thierry lachte. “Mais non, ce sont des **housses** pour transporter les **cannes à pêche**.”
Aber natürlich, Herr Oberlehrer, dachte Nina.
“Hier, un monsieur a parlé de ce centre où on joue aux jeux de guerre, et je pensait que nos voisins y vont peut-être”, meinte Alex. “Et qu’ils utilisent leur fourreau pour leurs **armes jouets**.”
“Ou leurs **vraies** armes.”



---

**un peu** ein wenig
**région** Gegend
**même** sogar
**la troisième fois** das dritte Mal
**fourreau de pêche** Angelfutteral
**servir à** dazu dienen
**transporter** transportieren
**arme** Waffe
**housses** Schutzhüllen
**cannes à pêche** Angelruten
**armes jouets** Spielzeugwaffen
**vraies** echten

Nina hatte soeben ausgesprochen, was alle drei insgeheim dachten.

Die Nachbarn ließen sich den ganzen Nachmittag über nicht blicken.
"Wahrscheinlich trainieren sie", vermutete Alex. Irgendwann hatten sie es dann satt, stundenlang zu baden und am Ufer herumzulungern, nur um auf die beiden Männer zu warten. Onkel Jean, den die Kinder natürlich nicht in ihre detektivischen Gedankengänge eingeweiht hatten, schlug ihnen vor, in der Zeit bis zum Abendessen eine Runde Minigolf zu spielen. Thierrys Eltern hatten nichts dagegen einzuwenden. Im Gegenteil. Sie würden unterdessen eine Einkaufsfahrt ins Dorf machen.
"Qu'est-ce qu'il fait avec cette planche sur la chaise, votre oncle", fragte Thierry die Geschwister auf dem Weg zur Minigolfanlage.
"Il joue de la contrebasse", antwortete Nina grinsend.
"**Quoi?**" Thierry sah Nina an, als hätte sie nicht alle Tassen im Schrank.
"Eh bien, il est **musicien professionnel** et cette planche lui sert de manche de contrebasse pour s'exercer. La musique, il l'entend dans sa tête", fügte sie stolz hinzu.



---

**Quoi?** Was?
**musicien professionnel** Berufsmusiker

Thierry schwieg eine Weile nachdenklich. Dann legte er seine Hände ineinander, hob sie hoch, streckte beide Arme bis hinter den Kopf und warf sie mit aller Kraft nach vorne.
"**Es-tu devenu fou?**", rief Alex.
"Non, je m'exerce ... à la pêche", lachte Thierry.
Auch Nina und Alex mussten lachen. Irgendwie, fanden sie, ähnelten sich Onkel Jean und Thierry sogar ein bisschen.
Sie hatten den Eingang der Minigolfanlage erreicht und steuerten auf das Kassenhäuschen zu.
Es war leer. Auch auf der Anlage war der Minigolfpächter nirgends zu sehen.
"Allons le chercher", schlug Nina vor, nachdem sie zehn Minuten vergeblich auf ihn gewartet hatten.
Sie gingen um die Anlage herum Richtung Hotel. Ein Weg führte am Gebäude vorbei in einen weitläufigen Garten, in dem ein Geräteschuppen stand. Auf der Rückseite des Hauses führte eine Treppe in den Keller hinunter. Thierry beugte sich übers Geländer, um zu sehen, ob unten jemand zu entdecken war, und sah, dass die Kellertür offen stand.
"Qu'est-ce que vous faites ici?"
Eine barsche Stimme ließ die Kinder zusammenfahren. Als sie sich umdrehten, stand der Minigolfmann mit in die Seiten gestemmten Fäusten vor ihnen. Sein



---

**Es-tu devenu fou?** Bist du verrückt geworden?

schiefes Gesicht sah wütend aus. Er musste lautlos näher gekommen sein.
“Vous n’avez **rien à faire** ici”, wies er sie streng zurecht. “**Allez-vous-en, mais vite.**”
“Mais, monsieur”, sagte Alex zaghaft, “on vous cherchait, parce qu’on voulait jouer au minigolf.”
“**Dans ce cas**, attendez à la caisse, **bande de curieux**!”
Der hagere Mann trieb sie am Hotel vorbei zurück zur Minigolfanlage.
Am Kassenhäuschen warteten schon mehrere Spieler darauf, ihre Schläger zurückzugeben. Nina, Alex und Thierry aber war die Lust auf Minigolf vergangen. Mit diesem blöden schiefgesichtigen Kerl wollten sie vorerst nichts mehr zu tun haben. Während sie überlegten, was sie jetzt unternehmen könnten, kam Thierry eine Idee. Er kannte einen Räderverleih auf der anderen Seeseite und schlug vor, eine kleine Radtour zu machen. Am Hang würde er ihnen zeigen, wie man geschickt über Baumwurzeln und Geländehöcker sprang, darin habe er Erfahrung, sagte er.
Nina und Alex schauten sich vielsagend an, schluckten aber ihre Kommentare herunter und stimmten dem Vorschlag zu.



---

**rien à faire** nichts zu suchen
**Allez-vous-en, mais vite.** Macht, dass ihr wegkommt, aber schnell.
**dans ce cas** dann
**bande de curieux** neugierige Bande

Sie machten sich auf den Weg. An der Ausgabestelle liehen sie sich Mountainbikes mit Helmen und verbrachten eine Stunde damit, im Wald über Wurzeln und Steine zu holpern und zwischen den unzähligen Gängen hin- und herzuschalten. Auf dem Rückweg zum Campingplatz beschlossen sie, beim nächsten Mal eine ausgedehnte Erkundungsfahrt zu unternehmen und sich dabei das berüchtigte Kriegsspiel-Center, von dem am Vormittag die Rede gewesen war, mal aus der Nähe anzusehen. Vielleicht würden sie dort ja ihre Nachbarn treffen, die harmlosen Sportangler …

# Das Sommerfest

Am nächsten Morgen wurde Nina von einem gleichmäßigen Getrommel geweckt. Als sie die Augen aufschlug, sah sie, dass die Zeltwand ganz leicht zitterte. Das Geräusch schien von allen Seiten zu kommen. Plötzlich begriff sie: Regen. So ein Mist, dachte Nina, ihre Nachforschungen könnten sie nun erst mal vergessen. Bei so einem Wetter blieben Camper wahrscheinlich im Zelt sitzen und spielten stundenlang Karten. Und ausgerechnet für heute Abend war ja das große Sommerfest am See angekündigt. Wenn das mal nur nicht ins Wasser fiel!

Dann stellte Nina sich vor, wie sie im See badete, unter warmem Sommerregen, und die Tropfen ihr übers Gesicht liefen, während die Luft ringsum dampfte wie in einer Waschküche. Sie gähnte und kuschelte sich, vom Getrommel eingelullt, in ihren Schlafsack. Zwei Minuten später war sie wieder eingeschlafen.



Als sie zum zweiten Mal erwachte, regnete es immer noch. Neben ihr saß Alex in seinem Schlafsack und wühlte sich mit beiden Händen im dunkelblonden Haarschopf.

“Gemeinheit”, murmelte er, als Nina sich neben ihm aufsetzte. “Regen ist voll doof. Wir wollten uns doch wieder Räder mieten.”

“Ist Onkel Jean schon auf?”, fragte seine Schwester.

“Habe noch nichts gehört.”
Nina schälte sich aus ihrem blauen Schlafsack und zog ihre Regenjacke aus dem Rucksack. Draußen empfing sie strömender Regen und ein klitschnasser Rasen. Der See dampfte vor sich hin wie heiße Suppe. Sogar aus den tannenbewachsenen Berghängen stiegen dicke Nebelschwaden auf. Eine Entenmutter mit vier Jungen zog, vom Regen unbeeindruckt, am Ufer vorbei. Alles lag in einem graugrünen, geheimnisvollen Licht.
Onkel Jean zog sich gerade seine Regenjacke über, als Nina den Kopf in sein Zelt steckte.
“Bonjour, Nina”, begrüßte er sie. “Aujourd’hui, on va prendre notre petit déjeuner dans un café. Qu’est-ce que tu en penses?”
“Génial. Je prendrai un **chocolat.**”
Sie holten Alex zur Morgentoilette ab.



Wenig später saßen alle drei im trockenen Wagen und freuten sich auf die Fahrt ins Dorf. Dort nahmen sie in Onkel Jeans Lieblingscafé ein leckeres französisches Frühstück mit Baguette, Brioches und Heidelbeerkonfitüre zu sich. Danach kauften sie Postkarten für Familie und Freunde. Als sie gegen elf zurückkehrten, hatte es aufgehört zu regnen. Am Himmel strahlte wieder die Sonne, doch der Campingplatz war verwaist. Das junge Pärchen, das zwischen ihnen

---

**chocolat** Kakao

und Thierry zeltete, und auch Thierry und seine Eltern waren ausgeflogen. Im Haus nebenan war ebenfalls alles ruhig.
"Est-ce qu'on peut faire une **promenade en bateau**?", fragte Nina.
"Tu oublies qu'il nous **manque** une rame, ma **chérie**", erwiderte ihr Onkel und schlug vor, stattdessen einen Spaziergang zum Bootsverleih zu unternehmen, um im Laden ein neues Paddel zu kaufen.
Auf dem Weg zur *Clairière* kamen sie an der Uferwiese gegenüber dem Hotel vorbei. Dort sollte am Abend das Sommerfest stattfinden. Zwei große LKWs standen auf dem Parkplatz neben der Wiese und mehrere Männer waren damit beschäftigt, eine Bühne für die Livemusik aufzubauen. 

Monsieur Bertrand vermietete gerade ein Tretboot an vier Jugendliche, die es vermutlich nicht abwarten konnten, sich gegenseitig vom Boot zu stoßen und nasszuspritzen. Als er den Steg zurückgelaufen kam, entdeckte er Onkel Jean und die Kinder.
"Bonjour tout le monde! **Heureusement, le soleil est vite revenu!**", rief er ihnen gut gelaunt entgegen.

---

**promenade en bateau** Bootsfahrt
**manque** fehlt
**chérie** Schatz
**Heureusement, le soleil est vite revenu!** Glücklicherweise war die Sonne schnell wieder da.

"Bonjour, monsieur Bertrand", riefen die Kinder im Chor.
Monsieur Bertrand gefiel ihnen, und heute schien er auch nicht so gehetzt zu sein wie am ersten Tag.
"**Nous avons besoin** d'une nouvelle rame", sagte Jean zu dem Bootsverleiher. "Nous en avons perdu une **pendant** la pêche."
"Ah, les rames, on doit bien les tenir", erwiderte Monsieur Bertrand und zwinkerte den Kindern zu.
Er schien ganz richtig zu vermuten, dass es nicht Onkel Jean gewesen war, der das Paddel hatte fallen lassen.
Im Laden zeigte er ihnen die verschiedenen Plastikruder, die er, passend zu den unterschiedlichen Schlauchbooten, im Angebot hatte. Eigentlich verkaufe er sie nicht einzeln, erklärte er, aber da Jean ein so netter und treuer Kunde sei und sie sich schon so lang kennen würden, werde er eine Ausnahme machen.
"Mais non, **il n'en est pas question!**", protestierte Onkel Jean und bestand darauf, ein neues Paar zu erstehen. Sonst bliebe der Laden am Ende auf einem einzelnen Paddel sitzen.
"Mais si." Der Bootsverleiher blieb hartnäckig.
Schließlich musste Onkel Jean nachgeben. Er bedankte sich überschwänglich und bestellte Getränke für alle.



---

**nous avons besoin (de)** wir brauchen
**pendant** während
**il n'en est pas question** das kommt gar nicht in Frage

"Vous avez, **sans doute**, entendu ce qui s'est passé, n'est-ce pas?", fragte er Monsieur Bertrand, als sie auf die Terrasse hinausgingen, wo Madame Bertrand gerade Crêpes an eine Gruppe Touristen verteilte. "Le joggeur …."

"Oui, oui, je viens de le lire dans le ***Vosges Matin***", antwortete Monsieur Bertrand.

Er lief rasch in den Laden und kam mit der Morgenzeitung zurück.

"**Tenez!** Ils disent que l'homme portait des vêtements de camouflage et que la **police** veut **mener une enquête** au centre de jeux de guerre."

"Ce centre, où se trouve-t-il?", fragte Alex neugierig.

"Il ne se trouve pas loin du **chemin principal**. **N**'avez-vous **jamais** vu la **pancarte** 'Paintball Aventures'?"

Onkel Jean grinste. "Je ne fais pas beaucoup de randonnées."

"Il n'en fait **pas du tout**", korrigierte Nina.



---

**sans doute** ohne Zweifel
***Vosges Matin*** ostfranzösische Tageszeitung
**Tenez!** *hier:* Hört zu!
**police** Polizei
**mener une enquête** Ermittlungen … anstellen
**chemin principal** *hier:* Hauptwanderweg
**ne … jamais** nie
**pancarte** Schild
**pas du tout** überhaupt keine

“**En tout cas**, vous **restez fidèle** à la pêche.”
“Et à la *Clairière* et son délicieux café!”
Monsieur Bertrand lachte.
Ganz in der Nähe war plötzlich der Motor eines Lieferwagens zu hören. Schlagartig wechselte der Gesichtsausdruck des Bootsverleihers.
“Je dois **retourner au travail**”, sagte er ernst. “On se voit ce soir à la fête?”
“Bien sûr, nous y irons **tous**. On veut voir les **groupes musicaux**.”
“Il y aura de bons musiciens de la région. **À ce soir!**”, rief er hastig und verschwand.



Alle drei schauten ihm nach. Als Bootsvermieter und zugleich Café- und Ladenbetreiber war man im Sommer sicher unterunterbrochen beschäftigt, dachte Nina. Hinter dem Laden erkannte sie den einige Meter entfernt liegenden Schuppen, der offenbar als Lagerraum für die Ladenwaren diente. Ein Mann trug gerade mehrere Kartons zu dem Wellblechwürfel. Monsieur Bertrand kam hinter ihm hergelaufen, sagte irgendetwas zu ihm, worauf der Mann die Kiste abstellte

---

**en tout cas** immerhin
**restez fidèle** halten … die Treue
**retourner au travail** zur Arbeit zurückkehren
**tous** alle
**groupes musicaux** Musikgruppen
**À ce soir!** Bis heute Abend!

und zum Lieferwagen zurückkehrte. Dann schloss der Bootsverleiher den Lagerraum auf. Er nahm die Kiste und verschwand rasch im Schuppen. Dann nahm er die nächsten Waren in Empfang. Eine ganze Ladung Paddelsets erkannte Nina und einen Sack voller Plastikbälle. Schließlich schloss Monsieur Bertrand den Lagerraum wieder ab und begleitete den Lieferanten zu seinem Wagen.

Um die Mittagszeit kehrte Thierry mit seinen Eltern zum Campingplatz zurück. Mit Einkäufen bepackt, trottete er hinter Vater und Mutter her. Kaum erblickte er Nina und Alex, die am Ufer Onkel Jeans Angelvorbereitungen verfolgten, stellte er die Tüten ab und kam herübergelaufen. Diesmal wollte auch Alex sich als Angler betätigen. Onkel Jean hatte versprochen, ihm die Grundregeln beizubringen. Natürlich hielt Thierry sich nicht mit fachmännischen Bemerkungen zurück. Dann holte auch er seine Angelutensilien, und schließlich bekam Alex von zwei Seiten Anweisung, wie man einen Köder anzubringen, den Schwimmer einzustellen und die Schnur zu werfen habe.
Zu dritt standen sie am Ufer. Nina saß daneben und schaute den Enten zu. Als nach einer halben Stunde nicht das kleinste Fischlein angebissen hatte, gab Onkel Jean sich geschlagen und packte die Angelsachen wieder zusammen, um etwas fürs Mittagessen einzukaufen.

"Alors, quand est-ce qu'on fait notre **tour** à vélo?", flüstete Thierry, als der Onkel gegangen war. "Mes parents sont d'accord pour cet après-midi, mais pas trop loin et pas sans **portable**."

Als Onkel Jean mit den Lebensmitteln zurückkehrte und von den Plänen der Kinder erfuhr, willigte er ein. Ebenfalls unter der Bedingung, dass sie sehr vorsichtig waren und ein Handy mitnahmen. Im Moment herrschte überall Alarmstimmung. Aber Onkel Jean fand es übertrieben und unnötig, die Kinder wegen des Vorfalls mit dem Jogger am Campingplatz festzubinden.



Also liefen sie nach dem Mittagessen zum Radverleih am anderen Ende des Sees und mieteten sich drei Mountainbikes. Thierry, der sich als unfreiwilliger Wandersmann in der näheren Umgebung ein wenig auskannte, fuhr voran. Die Wandergrüppchen, an denen sie vorbeikamen, hatten sich entweder von dem Überfall nicht abschrecken lassen oder gar nichts davon erfahren. Immer mal wieder mussten die Kinder ins Dickicht ausweichen, um mit Stöcken bewehrte Marschierer vorbeizulassen. Die meiste Zeit aber kamen sie sich vor wie die einzigen menschlichen Wesen weit und breit. Nur in der Ferne hörte man die Sägen der

---

**tour** Runde
**portable** Handy

Waldarbeiter und dann und wann ein aufheulendes Motorrad auf einer der Straßen, die oberhalb des Sees durchs Gebirge führten.

Nach mühsamem Bergauffahren stießen sie schließlich auf einen Wegweiser zur *Roche des Chiens.* Thierry verkündete, hier ginge es auch zum Kriegspiel-Center, und tatsächlich prangte wenig später rechts am Weg ein kleines Hinweisschild zum Club "Paintball Aventures".

Bald drangen von Ferne abgehackte Rufe durch die dichten Tannen. Und plötzlich hatten sie ein umzäuntes Gelände vor sich.

"**Incroyable**", raunte Nina.

Sie warfen ihre Räder ins Gebüsch, rannten über eine Waldlichtung und hielten sich hinter einer Baumgruppe verborgen, um das Gelände ungestört beobachten zu können.

"Ils sont tous **habillés** comme notre voisin!"

Gerade rannte ein Mann mit sportlicher Figur in fleckiger, soldatisch aussehender Kleidung über einen offenen Platz, an dem zwei verfallene Häuser standen. Vor den Häusern türmten sich mehrere Stapel alter Autoreifen. Auf dem Kopf trug der Mann einen Helm mit Maske, so dass man sein Gesicht nicht erkennen konnte. Zwei weitere maskierte Männer kamen hin-



---

**incroyable** unglaublich
**habillés** angezogen

ter ihm her gerannt. Beide sahen dem ersten zum Verwechseln ähnlich.

"Comment peut-on savoir si votre voisin **fait partie de cette troupe**?", flüsterte Thierry.

Kaum hatte er den Satz ausgesprochen, da stürmte ein ganzes Kommando maskierter Kämpfer aus einem der beiden Häuser und begann, mit roter Farbe auf die drei Gegner zu schießen, die soeben über den Platz gelaufen und fast an einer hölzernen Stellwand angekommen waren. Die Kinder drückten sich noch enger an die Baumstämme, um nicht gesehen zu werden.

"**Ce n'est pas la peine** de rester", sagte Alex. Seine Stimme klang anders als sonst. Trockener, fast beklommen.



"**De toute façon**, ils ne font **rien de mal**", meinte Nina enttäuscht. "Ils sont en train de jouer, **c'est tout**. Cela ne **prouve** absolument rien."

Thierry sagte nichts, an seinem gebannten Blick war zu erkennen, dass er das Kriegsspiel hochinteressant fand.

Plötzlich löste sich ein Mann aus der schießenden Truppe. Er kam geradewegs auf den Zaun zugelaufen,

---

**fait partie de cette troupe** zu dieser Truppe gehört
**ce n'est pas la peine** es bringt nichts
**de toute façon** jedenfalls
**rien de mal** nichts Schlechtes
**c'est tout** das ist alles
**prouve** beweist

hinter dem die Kinder in ihrem Versteck standen. Rasch duckte Nina sich am Fuß ihres Baumes hinter einen Strauch. Hatte der Kerl sie entdeckt? Keiner der drei gab einen Mucks von sich. Der Mann im Kampfanzug hatte den Zaun erreicht, Nina konnte ihn durch die Zweige sehen. Jetzt zog er sich die Maske vom Gesicht und machte sich an seinem Hosenschlitz zu schaffen. Nein, der Nachbar war das nicht. Halb neugierig, halb ängstlich blickte Nina zu Alex hinüber. Als sie wieder zu dem Mann schaute, sah sie, dass seine Augen genau auf die im Gebüsch liegenden Räder gerichtet waren. Ach du Schreck! Die hatten sie völlig vergessen! Der Mann spähte suchend umher, dann wandte er sich wieder seinem dringendsten Bedürfnis zu. Nina blickte verlegen in eine andere Richtung. Als es rauschte, sah sie Thierry grinsen. Alex schien den Atem anzuhalten.



Kaum war der falsche Soldat wieder verschwunden, schnappten die Kinder sich ihre Mountainbikes und beschlossen, sich lieber wieder auf den Rückweg zu machen.

"Ils m'ont fait **peur**", gestand Nina, als sie hintereinander den Hang hinunter holperten.

Noch am Abend, als sie mit Onkel Jean, Alex, Thierry und seinen Eltern zum Sommerfest aufbrach, saß Nina

---

**peur** Angst

ein gruseliges Gefühl in den Gliedern. Die schießenden Männer hatten ihr Angst eingejagt, auch wenn sie nur mit Farbe geschossen hatten. Sie hatten so verdammt echt ausgesehen mit ihren großen Waffen, wie gefährliche Krieger! Nina war froh, als sie auf der Festwiese ankamen, als Lautsprechermusik und Stimmengewirr sie umgab und der Geruch nach Popcorn, gebrannten Mandeln und Pommes Frites ihr in die Nase stieg.

Die Uferwiese war voller Menschen, überall hörte man Geplauder und Gejohle. Jugendliche standen mit gefüllten Pappbechern lachend beisammen, Familien saßen auf der Wiese, tranken Saft, Bier oder Cidre und schauten ihren ausgelassenen Kindern zu. Dann wurde die erste Musikgruppe des Abends angekündigt, eine bretonische Folkloregruppe.



Kaum hatte sie zu spielen begonnen, füllte sich eine vor der Bühne zusammengezimmerte Holzfläche mit Groß und Klein, und es wurde gehüpft und getanzt, was das Zeug hielt. Nina, Alex und Thierry holten sich jeder eine Portion Pommes Frites und schlenderten durch die Menschenmenge, schauten sich die Musiker an und machten sich über die Tänzer lustig. Onkel Jean saß mit Thierrys Eltern zusammen und trank Cidre.

Als es dunkel geworden war, hatte sich die Runde der Erwachsenen vergrößert. Thierrys Vater erzählte Witze, und eine Frau am Tisch lachte immer wieder

quietschend auf. Auch Monsieur Bertrand schaute kurz vorbei. Einmal zupfte Nina Alex aufgeregt am Ärmel. Ganz in der Nähe liefen die beiden Männer aus dem Nachbarhaus mit Bechern in der Hand vorüber. In ganz normaler Kleidung.
"**Ne vous éloignez pas** de la fête", ermahnten Thierrys Eltern die Kinder.
Irgendwann aber konnten sie der Lust nicht widerstehen, im Dunkeln am Ufer entlangzuwandern und Steine über den schwarzen See springen zu lassen. Sie hatten ja ihre Taschenlampen dabei, was sollte da schon passieren? Sie kamen an schmusenden Pärchen und schlendernden Grüppchen vorbei, bis es einsamer wurde und sie die *Clairière* erreichten, vor der im Mondschein die Boote im Wasser schaukelten. Man hörte das Rascheln einer Ente im Seegras. Stumm ragten die dunklen Tannen auf.
Mit den Taschenlampen malten sie zuckende Figuren auf die Wände des geschlossenen Ladencafés. Dann spielten sie auf dem Gelände Verstecken und verfolgten einander mit dem Lichtstrahl ihrer Lampen.
"Regardez", rief Thierry plötzlich aufgeregt. Er stand vor dem Schuppen, in dem Monsieur Bertrand am Vormittag die angelieferte Ware verstaut hatte. "Regardez ces **taches** ..."



---

**ne vous éloignez pas** entfernt euch nicht
**taches** Flecken

Nina und Alex kamen herbeigelaufen. Auf dem Betonboden vor dem Schuppen waren mehrere größere, dunkle Flecken zu erkennen.
"Du sang!", flüsterte Nina gepresst.

# Was plumpst da ins Wasser?

Nachdem Thierry die Flecken am Schuppen neben dem Bootsverleih entdeckt hatte, war den Kindern die Lust am Versteckspielen vergangen. Sie waren zur Festwiese zurückgewandert. Woher mochten die Blutspuren stammen? Waren sie von einem Tier? Oder hatte hier womöglich ein Mensch geblutet? Beherbergte dieser Schuppen wirklich nur Waren? Vielleicht war dort jemand eingesperrt, lag verletzt in der Dunkelheit und brauchte Hilfe. Das Ehepaar Bertrand konnte nichts mit einem Verbrechen zu tun haben, keines der Kinder traute den beiden so etwas zu. Aber vielleicht benutzte an diesem Abend irgendjemand anders den Schuppen, ohne ihr Wissen, für seine üblen Zwecke.

Zurück auf der Festwiese, hatten sie das Paar Bertrand inmitten der Urlauber und Dorfbewohner tanzen sehen. Die beiden konnten nie und nimmer etwas Böses im Schilde führen oder gar in ein Verbrechen verwickelt sein.

Nach zwei Folkloregruppen war eine punkige Rockgruppe aus Epinal aufgetreten. Den Kindern hatte sie gut gefallen, Onkel Jean weniger. Erst spät waren sie alle zusammen durch die Dunkelheit zum Campingplatz zurückgelaufen.

Nina verbrachte eine unruhige Nacht. Sie träumte von Soldaten mit Punkfrisuren und in Tarnuniformen, die über den Zeltplatz pirschten und das Pärchen im Nachbarzelt überfielen.

Gerade war sie aufgewacht, die verstörenden Bilder noch im Kopf, und wunderte sich, dass der Platz neben ihr leer war. Sie zog sich rasch etwas über und verließ das Zelt. Erst da fiel ihr auf, wie früh es war. Fast noch dunkle Nacht.
Groß und still lag der düstere See vor ihr, auf dem Zeltplatz war kein Laut zu hören. Nur das Geschnatter der Enten durchbrach hin und wieder die Stille.
Am Ufer hockte Alex mit seinem Fernglas und starrte übers Wasser. Er zuckte zusammen, als Nina sich neben ihn setzte.



"Was beobachtest du da?", flüsterte sie und erblickte ein Boot, das in der Dunkelheit nur mit Mühe zu erkennen war.
Vielleicht besonders fanatische Angler.
Als Ninas Augen sich an das spärliche Licht gewöhnt hatten, erkannte sie zwei Personen.
"Was genau siehst du?", fragte Nina, nachdem ihr Bruder nicht geantwortet hatte. Da meinte sie zu erkennen, wie eine der Silhouetten sich über Bord beugte.
"Ich glaube, in dem Boot sitzt wieder unser Nachbar, der Ältere, in seiner komischen Tarnkleidung. Und weißt du, wem der andere Mann im Boot ähnlich sieht?", wisperte Alex.
"Nein."

"Dem Mann vom Minigolf."
"Bitte, lass mich doch auch mal gucken."
Alex reagierte nicht.
"Jetzt reicht der Nachbar dem anderen irgendwas. Ich kann aber nicht richtig erkennen, was. Und jetzt heben die beiden Männer etwas Schweres."
"Qu'est-ce que vous faites?"
Nina und Alex fuhren so heftig herum, dass sie beinahe mit den Köpfen zusammenstießen. Mensch, hatte Thierry sie erschreckt! Also konnte auch er nicht mehr schlafen. Wahrscheinlich hatte er sie flüstern gehört, während die Erwachsenen noch im Tiefschlaf lagen, die Glieder schwer von Bier und Cidre.
"Alex croit que c'est notre voisin avec le **type** du minigolf", wisperte Nina. 
Genau in diesem Augenblick vernahmen sie aus der Richtung der beiden Boote ein Platschen. Etwas Schweres musste ins Wasser gefallen sein, sonst hätte man es nicht bis zum Ufer gehört.
Rasch hob Alex sein Fernglas.
"**J'ai l'impression** qu'ils ont **jeté** un **gros objet** dans le lac", raunte er.
"Un **cadavre**, peut-être?"

---

**type** Typ
**j'ai l'impression** ich habe das Gefühl
**jeté** geworfen
**gros objet** großen Gegenstand
**cadavre** Leiche

Nina und Thierry schauten einander an. Beide dachten an dasselbe: die Blutflecken, die sie am Abend zuvor in der Nähe des Bootsverleihs entdeckt hatten. Sie wagten nicht weiterzudenken.
Was hatte der Minigolfpächter mit diesen Ferienhausleuten zu tun?
Nina starrte auf den dunklen See hinaus. Sie konnte nur raten, was dort geschah. Hätten sie doch zwei Ferngläser gehabt! Aber selbst damit war es schwierig, um diese Uhrzeit die Dinge scharf zu sehen.
"Je ne sais pas ce que c'était, mais, sûr, c'était lourd", flüsterte Alex.
Sie überlegten, was sie tun sollten. Der Polizei die Beobachtung melden? Aber sie hatten ja nichts Genaues erkannt. War das Platschen überhaupt von den Booten gekommen oder aus einer ganz anderen Richtung? Vom Ufer vielleicht? Die Dunkelheit machte jede Vermutung zu einer unsicheren Annahme, zu einer kindlichen Fantasie, würde die Polizei sagen. Sich so etwas anzuhören, darauf hatten sie wirklich keine Lust. Oder würde die Polizei aufhorchen und Ermittlungen anstellen? Waren sie vielleicht gefährlichen Verbrechern auf der Spur?
Das Beste war wohl, erst einmal abzuwarten. Jedenfalls mehrten sich allmählich die sonderbaren Ereignisse. Gehörten der Überfall auf den Jogger, der Blutfleck am Schuppen und das Versenken eines schweren Objekts im See irgendwie zusammen? War vielleicht

der sportliche Mann aus dem Nachbarhaus das Bindeglied?
"Ce sont peut-être des **voleurs** qui cachent dans le lac des **caisses pleines d'argent** ou d'objets volés", flüsterte Nina aufgeregt. "Allez, **passe-moi les jumelles**!"
Da im Boot alles ruhig war, zeigte Alex sich endlich bereit, seiner Schwester das Fernglas zu überlassen.
Kaum hatte sie es an die Augen gehoben und das Fischerboot ausgemacht, sah sie, wie die beiden Männer mühevoll etwas Schweres an den Bootsrand hievten. Nina kniff die Augen zusammen, konnte aber beim besten Willen nicht erkennen, was es war. Die Männer verdeckten es mit ihrem Rücken. Im nächsten Augenblick stießen sie das schwere Ding über Bord, und wieder hörte man einen Schlag aufs Wasser.
Alex riss Nina das Fernglas aus der Hand.
"**Ho!**", rief sie entrüstet.
"Chut", zischte Thierry. "Tu réveilles tout le monde."
"Mais, c'est Alex …!"
Wütend sprang Nina auf. Sie hasste ihren Bruder. Sie hasste diesen Idioten, der nicht einen Funken Geduld im Körper hatte. Ha, aber *sie* hatte die Tat gesehen,



---

**voleurs** Diebe
**caisses pleines d'argent** Kisten voller Geld
**passe-moi les jumelles** gib mir das Fernglas
**Ho!** Hey!

und nicht er! Alex starrte und starrte, dann flüsterte er Thierry etwas zu und reichte ihm das Fernglas. "Verdammter Mist!", fuhr er seine Schwester wütend an. "Ich habe dir genau im falschen Moment das Fernglas geliehen. Aber ich bin jetzt sicher, dass der Minigolftyp mit von der Partie ist."

Das Boot bewegte sich nun rasch auf die *Clairière* zu. "**Tout à l'heure**, on pourrait aller sur le lac avec votre bateau et essayer de trouver les objets qu'ils ont jetés dans l'eau", schlug Thierry flüsternd vor.
Wie bitte? Jetzt sagt er gleich, dass er nicht nur ein toller Angler ist, sondern auch noch ein Supertaucher, dachte Nina.
"Pourquoi pas?", fuhr Tierry fort, als Nina und Alex schwiegen. "On peut **tout de même** essayer. Moi, **je sais bien plonger**. Peut-être, **j'y arriverai**."
Alex schüttelte nur den Kopf und schaute wieder auf den See. Er verfolgte die beiden Silhouetten, die gerade in der Nähe des Bootsverleihs angelegt hatten. Sie stiegen aus.
Auch Nina sah sie, aber im Dämmerlicht verloren sie sich sofort.



---

**tout à l'heure** nachher
**tout de même** doch
**je sais bien plonger** ich kann gut tauchen
**j'y arriverai** werde ich es schaffen

"**Ils ont disparu**", flüsterte Alex und senkte resigniert das Fernglas.
Kurz darauf hörte man auf der anderen Seeseite einen Motor aufheulen und quietschende Reifen. Das Motorgeräusch entfernte sich, dann herrschte wieder nächtliche Stille.

"C'est une journée **idéale** pour faire une randonnée, les enfants", rief Thierrys Vater den Kindern zu, die nach dem Frühstück ans Ufer gegangen waren, um den Enten Brotkrümel zuzuwerfen. "Après la journée de pluie d'hier, on va **s'y remettre**."
"Oh non", maulte Alex mit griesgrämiger Miene. Er hatte sich so auf die Detektivarbeit gefreut. Wann sollten sie denn nun zum Grund des Sees tauchen? Jetzt, da sie ein paar konkrete Verdachtspunkte hatten, mussten sie doch am Ball bleiben. Unbedingt!
"Alex et Nina, n'avez-vous pas envie de **nous accompagner**?", fragte Thierrys Mutter, die sich zu dem Grüppchen gesellt hatte.
Thierry sah die beiden flehentlich an. Wenn er schon wandern musste, dann wenigstens nicht nur mit den Eltern! Er wollte seine neuen Freunde dabei haben.



---

**ils ont disparu** sie sind verschwunden
**idéale** ideal
**s'y remettre** (eine Tätigkeit) wieder aufnehmen
**nous accompagner** mit uns mitzukommen

So würde es ausnahmsweise mal rchtig Spaß machen. Außerdem konnten sie unterwegs Pläne für die nächsten Tage schmieden.
“On va demander à notre oncle, **s’il est d’accord**”, sagte Alex. Nina hatte ihm mit Blicken zu verstehen gegeben, sie müssten jetzt zu Thierry halten.
“**Ouais!**”, rief Thierry begeistert. Für ihn war das ein klares Ja.
Onkel Jean staunte über die Wanderlust der Kinder. Umso besser, dachte er, so würden sie die Schönheiten der Bergwelt kennen lernen, und er selbst würde Bass üben können. Danach würde er ausgiebig angeln und sie abends mit ein paar fetten Schleien oder Regenbogenforellen überraschen.



Auf dem Weg durchs Gebirge nahmen die Kinder ihre Lehrer durch die Mangel. Am meisten lachten sie über Alex’ Mathelehrer, der den Klassenraum nie verlassen konnte, ohne mindestens einmal zu stolpern. Am Pass angekommen, machten sie ein kleines Wettrennen, um den Abstand zu Thierrys Eltern zu vergrößern und ungestört ihre weiteren “Ermittlungen” planen zu können: Thierry hatte sich das Tauchen in den Kopf gesetzt, Nina schlug vor, die Nachbarn rund um die Uhr zu überwachen.

---

**s’il est d’accord** ob er einverstanden ist
**Quais!** Ja! (umgangssprachlich)

Am Mittag luden Thierrys Eltern die Kinder in einem mit Wanderern gefüllten Lokal zum Essen ein. Zum Nachtisch durften sie sich eine Crêpe mit Eis bestellen. Danach legten sich alle am Rande einer Bergwiese in den Schatten, die Eltern machten ein Nickerchen und die Kinder spielten Karten. Später wanderten sie auf langen Umwegen zurück, kraxelten entlang eines reißenden Gebirgsbaches Richtung Tal, bewunderten den Blick auf Viehweiden und kleine Bauernhöfe, umrahmt von hohen Vogesengipfeln, und kehrten am frühen Abend müde zum Zeltplatz zurück.

Onkel Jean empfing sie mit der Ankündigung, er habe sich für später am Abend mit einem Freund im Dorf verabredet.



"**Ne vous inquiétez pas**, on **fera attention à** Nina et Alex", versicherten ihm Thierrys Eltern.

Alex und Nina schauten verlegen zum See und Thierry klopfte ihnen grinsend auf die Schultern.

Erst als sie wieder unter sich waren, gestand Onkel Jean kleinlaut, die Fische seien ihm stundenlang einfach ausgewichen. Schließlich habe er kapituliert und sich wieder seinen Bass-Übungen gewidmet.

Bei diesem Angelglück, lästerte Alex, müsse man ja glatt verhungern.

Nina grinste.

---

**ne vous inquiétez pas** machen Sie sich keine Sorgen
**fera attention à** … werden auf … aufpassen

Mit stoischem Gesicht öffnete Onkel Jean eine Dose Erbsensuppe, kippte sie in einen Topf und stellte sie auf den Campingkocher. Dann schnitt er Speck klein und ließ ihn auf einer zweiten Flamme brutzeln. Der Duft würzte die Luft ringsum, so dass die Nachbarcamper schon hungrig herüberspähten. Zu der Suppe mit den gebratenen Speckwürfeln gab es knuspriges Baguette.

Das improvisierte Essen schmeckte mindestens so lecker wie Regenbogenforellen, fanden die Kinder. Und eine gute Grundlage war es auch, denn der Abend sollte lang werden.

# Der rätselhafte Schuppen

Schweigend liefen sie den Uferweg entlang. Alle drei waren aufgeregt. Falls die Männer, die sie auf dem See beobachtet hatten, an der *Clairière* auftauchten, würde es brenzlig werden. Aber sie konnten es einfach nicht erwarten weiterzuforschen, nachdem schon der ganze Tag dem Wandern zum Opfer gefallen und aus Thierrys Tauchaktion nichts mehr geworden war.
Immerhin hatten sie Blutspuren entdeckt und waren Zeugen einer geheimnisvollen "Entsorgung" mitten auf dem See geworden. In der Nähe des Bootsverleihs fanden seltsame Dinge statt, wahrscheinlich ohne dass die Bertrands etwas davon ahnten. Und der Nachbar steckte mit drin und hatte vielleicht auch den Jogger überfallen. Aber warum? Schreckten die Männer etwa selbst vor Mord nicht zurück? Hatte jemand dran glauben müssen, und sie hatten die Tat vertuschen müssen und das Opfer irgendwo verschwinden lassen, wo es unauffindbar war? Wenn all die Feriengäste, die sorglos im See schwammen, paddelten und Tretboot fuhren, ahnten, was da tief unter ihnen lag! Bei dieser Vorstellung lief es Nina kalt über den Rücken.
Weder Onkel Jean noch Thierrys Eltern hatten sie eingeweiht. Dafür war die ganze Sache viel zu undurchsichtig. Erst wollten sie auf eigene Faust Genaueres in Erfahrung bringen, bevor sie den Erwachsenen von

ihren Entdeckungen berichteten und die Polizei einschalteten.

Für Alex und Nina war es leicht gewesen, aus dem Zelt zu verschwinden. Onkel Jean war weg, und von seinem Treffen im Dorf würde er nicht so bald zurückkehren. Auf Thierry hatten sie eine ganze Weile warten müssen. Er konnte sich erst aus dem Zelt schleichen, als seine Eltern schliefen.
Unterwegs erzählte er, die beiden hätten sich zwar früh aufs Ohr gelegt, aber es sei trotzdem nicht leicht gewesen wegzukommen.
"C'était difficile", stöhnte Thierry. "Mon père n'a rien voulu savoir. Il a **éteint la lumière** et **s'est endormi**. Mais je le connais, **tant qu'il ne ronfle pas**, il se réveille **au moindre bruit**. Donc, j'ai attendu. Et, **imaginez, pendant ce temps**, **j'ai révisé mes leçons de maths** pour ne pas m'endormir, moi aussi."
Sie hatten ihre Taschenlampen bei sich, und in Thierrys Tasche steckte das Handy, das seine Mutter ihm



---

**éteint la lumière** das Licht ausgemacht
**s'est endormi** ist eingeschlafen
**tant qu'il ne ronfle pas** solange er nicht schnarcht
**au moindre bruit** beim geringsten Geräusch
**imaginez** stellt euch vor
**pendant ce temps** währenddessen
**j'ai révisé mes leçons de maths** habe ich Mathe gelernt

vor zwei Tagen für die kleine Radtour mitgegeben hatte. Sicher war sicher.
Zu ihrer Rechten erhob sich das Hotel in der Dunkelheit wie eine bedrohliche Festung. Nur noch wenige Fenster waren erleuchtet. Neben dem großen Gebäude lag die Minigolfanlage leer und totenstill da.
"Le gérant du minigolf, que peut-il bien **magouiller**?", wisperte Thierry.
Nina und Alex zuckten mit den Schultern. Schweigend liefen sie nebeneinander her. Ihr Blick wanderte immer wieder nach links zu dem tiefdunklen See. Etwas Erhabenes ging von dem reglosen Gewässer aus. Endlich tauchte der Schuppen wie ein großer dunkler Würfel zwischen den Bäumen auf. Ein Stück weiter links zeichnete sich der Laden des Bootsverleihs ab. Am Straßenrand stand ein Jeep. Beim Anblick des Wagens verließen die Kinder den Uferweg und schlichen sich zwischen den Bäumen an den Schuppen heran. Wenige Meter vor dem Ziel wedelte Thierry mit den Armen, zum Zeichen, dass sie innehalten sollten, und sie kauerten sich schweigend nieder.



Gute fünf Minuten geschah nichts. Sie verharrten reglos. Offenbar war der Jeep hier an der Lichtung abgestellt worden, und der Fahrer hielt sich anderswo auf. Schließlich kratzte Alex sich ungeduldig am Kopf und

---

**magouiller** mauscheln

machte den beiden anderen Zeichen, sie sollten sich weiter vorwagen.
“Tsssst”, zischte Nina und winkte die beiden Jungen zu sich.
“**Un de nous trois** doit rester ici. C’est plus sûr. Toi, Thierry, tu restes?”
“Non, toi, tu restes”, wisperte der Junge.
Auch Alex nickte heftig.
Aha, die Jungs wollten sich vorwagen, und das Mädchen sollte sich schön brav im Hintergrund halten, dachte Nina säuerlich. Aber im Grunde war ihr die Aufteilung ganz recht. Sie würde Schmiere stehen und aus sicherer Entfernung beobachten, was die Jungen am Schuppen erkundeten. 
“Alors, donne-moi ton portable”, flüsterte sie Thierry ins Ohr. Onkel Jeans Handynummer konnte sie auswendig, er hatte sie den Kindern am Anfang der Reise aufgeschrieben, ohne zu wissen, dass sie beide gar kein Handy besaßen. Nina hatte sich die Nummer zum Spaß trotzdem eingeprägt.

Langsam schlichen die beiden Jungen auf den Lagerraum zu. Aufmerksam behielt Nina sie im Auge. Sie sah, wie Alex und hinter ihm Thierry auf die Tür des Schuppens zugingen, und meinte sogar, die Blutflecken am Boden zu erkennen. Aber vielleicht bildete

---

**un de nous trois** einer von uns dreien

sie sich das auch nur ein. Wenigstens waren die Jungen so clever, ihre Taschenlampen auszulassen. Im Mondlicht sah man genug.
Auf einmal schlüpften Alex und Thierry in den Schuppen. Nina traute ihren Augen nicht. Die Tür war auf? Mensch, sind die beiden blöd, dachte sie. Wenn der Schuppen offen war, musste jemand in der Nähe sein. Waren die denn lebensmüde, einfach aufs Geratewohl hineinzugehen?! Jetzt erkannte sie sogar den schwachen Widerschein ihrer Taschenlampen. Wäre sie mal selbst mitgegangen, sie hätte sich garantiert schlauer angestellt. Die Sekunden erschienen Nina wie Stunden. Wann kamen die beiden Trottel endlich aus diesem Schuppen heraus! Jeden Moment konnte jemand auftauchen …
Kaum hatte sie den Gedanken zu Ende gedacht, stand ein Mann vor der Tür, wie vom Himmel gefallen. Er wandte ihr den Rücken zu. Wo war er so blitzschnell hergekommen? Sie hatte ihn völlig überhört – und jetzt war es zu spät!
Der Mann betrat den Schuppen und im nächsten Augenblick hörte Nina eine Stimme, die sie kannte. Monsieur Bertrand. Was tat der denn hier? Naja, es war immerhin sein Warenlager. Jetzt würde er den Jungen ordentlich den Kopf waschen. Sie hörte ihn in strengem Ton mit ihnen reden. Die Jungen erwiderten etwas Unverständliches. Nina war drauf und dran, zum Schuppen zu laufen. Hoffentlich war Mon-

sieur Bertrand ihnen nicht wirklich böse, dass sie in seinem Revier Detektiv spielten.
Plötzlich trat der Bootsverleiher aus dem Schuppen, schlug die Tür hinter sich zu und drehte einen Schlüssel im Schloss herum. Was war das? Er hatte die Jungs eingesperrt! Am Türgriff wurde heftig gerüttelt, von innen waren Rufe und Tritte gegen die Blechtür zu hören. Warum hatte Monsieur Bertrand das getan? War es überhaupt Monsieur Bertrand? Hatte sie sich vielleicht verhört? Bestimmt hatte sie sich verhört.
Mit angehaltenem Atem stand Nina hinter dem Baum. Wenn der Mann, den sie für Monsieur Bertrand hielt, jetzt die Umgebung nach Zeugen absuchte, musste sie sofort verschwinden und sich in Sicherheit bringen. Telefonieren ging nicht, damit hätte sie sich verraten. Erst musste sie sich leise davonschleichen. Die Jungs, die weiter gegen die Tür hämmerten und "Ouvrez la porte!" riefen, würde sie allein lassen müssen. Was blieb ihr anderes übrig?



Der Mann ging über den Parkplatz hinter dem Laden auf den Jeep zu. War das nicht derselbe Jeep, den sie neben dem Nachbarhaus hatte stehen sehen? Die Sache wurde immer verworrener – oder immer klarer. Oder bildete sie sich aus lauter Angst verrückte Dinge ein? Alex, der Autonarr, hätte genau sagen können, ob es derselbe Jeep war. Für sie aber war ein Jeep ein Jeep. Wem gehörte er?

Der Mann stieg auf der Fahrerseite ein, der Motor startete, dann leuchteten die Rücklichter auf, und der Wagen setzte sich in Bewegung. Nach einem raschen Wendemanöver rauschte er davon, die Straße entlang, die zum Pass hinaufführte.
Erst als sie den Wagen ein ganzes Stück weiter oben am Berg hörte, traute Nina sich aus ihrem Versteck.
"Alex!", rief sie. "Thierry!"
Im Schuppen wurde immer noch gegen das Wellblech getrommelt.
"**Ce n'est pas trop tôt!**", rief Thierry. "Où étais-tu? Ce **salaud** nous a **enfermés**! **Fais quelque chose, enfin!**"



---

**Ce n'est pas trop tôt!** Na endlich!
**salaud** Mistkerl
**enfermés** eingesperrt
**Fais quelque chose, enfin!** Tu doch was!

# In der Falle

Nina rüttelte am Metallgriff. Nichts. Sie rüttelte noch einmal. Die Tür war fest verschlossen und ein Schlüssel nirgends zu sehen. Sie lief einmal um den Schuppen herum, ohne ein Fenster zu entdecken. Auch der Lichtkegel ihrer Taschenlampe ließ keine Öffnung außer der Tür erkennen.

"Qu'est-ce qu'il y a dans le **dépôt**?", fragte sie die Jungs.

"Des jouets et des rames. Et … **une vingtaine de bidons**."

Nina atmete auf. Zum Glück hatten die Jungs keine Leichen entdeckt.



"Des bidons?", fragte sie.

"Tous peints."

"Et qu'est-ce qu'ils **contiennent**?"

"Tu es marrante! **D'où je le sais, moi?** Il sont peints, on ne peut rien lire."

"**Rien du tout?**"

"Regarde, Alex", hörte Nina Thierry rufen. "Il y a des **signes**!"

---

**dépôt** Lager
**une vingtaine de bidons** ungefähr zwanzig Kanister
**contiennent** beinhalten
**D'où je le sais, moi?** Woher soll ich das wissen?
**Rien du tout?** Überhaupt nichts?
**signes** Zeichen

"Atten… Je crois que c'est le **début** du mot 'attention'", meinte Alex zögernd.
"… **toxique**", ergänzte Thierry. "Et le **symbole** pourrait être une **tête de mort**."
"**La vache!**", rief Nina. "Les bidons sont **remplis de liquide toxique**! J'espère que vous n'êtes pas **en danger**."
"Bien sûr que nous sommes en danger! Nous sommes enfermés et ne savons pas ce que ce monsieur Bertrand va faire de nous!", rief Thierry.
Aus seiner Stimme klang Verzweiflung.
"Alors, c'était monsieur Bertrand ou non?", rief Nina ungläubig.
"Fais quelque chose, Nina", rief Alex ungeduldig. "**Appelle oncle Jean!**"
"C'est ce que je voulais faire", murmelte sie. "Heureusement que j'ai le portable."
"Ouais …", gab Thierry kleinlaut zu. "Ce salaud de monsieur Bertrand nous a même **fouillés** pour voir si nous avions un portable."



---

**début** Anfang
**toxique** giftig
**symbole** Symbol
**tête de mort** Totenkopf
**La vache!** Au Backe!
**remplis de liquide toxique** mit giftiger Flüssigkeit gefüllt
**en danger** in Gefahr
**Appelle oncle Jean!** Ruf Onkel Jean an!
**fouillés** durchsucht

Nina wählte Onkel Jeans Nummer. Eine französische Automatenstimme antwortete. War ihr Onkel so schlau gewesen, sein Handy auszuschalten? Oder hatte sie eine falsche Nummer gewählt?
“**Il ne répond pas**”, flüsterte sie.
Weiter oben am Hang war ein Auto zu hören.
“**Dépêche-toi!**”, rief Thierry.
Nina konzentrierte sich, um sich exakt an Onkel Jeans Nummer zu erinnern. Dann drückte sie erneut auf die Leuchttasten, langsam, vorsichtig, und hielt sich das Handy mit stockendem Atem ans Ohr. Es klingelte und klingelte, viermal, fünfmal, sechsmal. Dann schaltete sich Onkel Jeans Mailbox ein. Wenigstens hatte sie diesmal sein Handy erreicht. Aber ihr Onkel hatte es ausgeschaltet. Oder verlegt. Oder er hörte es im Kneipenlärm einfach nicht. Menschenskind!
Ungeduldig warteten die Jungs auf eine Reaktion. Das Wagengeräusch hatte sich genähert, und Nina huschte unwillkürlich hinter eine der dicken Tannen.
“**Alors?**”, zischte Alex aus dem Schuppen.
In diesem Moment klingelte das Handy. Es war Onkel Jean! Vor Erleichterung wäre Nina fast das Handy aus der Hand gefallen. Das Motorengeräusch hatte sich glücklicherweise wieder entfernt.



---

**il ne répond pas** er antwortet nicht
**Dépêche-toi!** Beeil dich!
**Alors?** Und?

"Oncle Jean?", rief sie ins Handy. "Viens vite!"
"Ah, c'est toi Nina", antwortete Onkel Jean ganz erstaunt.
Nina berichtete ihrem Onkel flüsternd, was geschehen war.
"J'arrive **tout de suite**", antwortete er. Sicher habe Monsieur Bertrand sich einen Scherz erlaubt. Er kenne ihn lang genug. Der Mann sei ein guter Kerl.
"**Je l'espère bien!** Dépêche-toi, oncle Jean!", flüsterte Nina und legte auf.
"Il arrive", rief sie den Jungen zu.

Jetzt hieß es warten. Mit dem Auto brauchte man etwa zehn Minuten ins Dorf. Onkel Jean würde wohl frühestens in einer Viertelstunde hier sein. Eine lange Zeit, in der Monsieur Bertrand zurückkommen konnte, vielleicht mit einem Helfershelfer. Oder der falsche Monsieur Bertrand. Wären diese neugierigen Kerle doch bloß nicht in den verdammten Schuppen eingedrungen!
Jedes Motorengeräusch, das am Berghang zu hören war, ließ Nina erschaudern. Sie war so aufgeregt, dass ein Rascheln im Unterholz – vielleicht eine Maus – sie zusammenfahren ließ. Plötzlich hatte sie eine Idee. Sie lief zur Schuppentür.



---

**tout de suite** sofort
**Je l'espère bien!** Das will ich hoffen!

"Vous n'avez pas trouvé d'**outils là-dedans**?", fragte sie die Jungs. Von drinnen hörte man ein Aufstöhnen, dann ein Kichern.
"Non, nous aussi, nous avons déjà eu l'idée d'ouvrir la porte **de force**. Mais il n'y a rien", antwortete Thierry spitz.

Wieder näherte sich ein Wagen. Nina huschte zurück hinter die Bäume, und die Jungen verstummten. Diesmal bog das Auto auf den kleinen Parkplatz ein und hielt. Ninas Herz schlug schneller. Das war nicht der Jeep, mit dem Monsieur Bertrand weggefahren war.
"Nina! Alex!", rief eine vertraute Stimme.

Onkel Jean – Gott sei Dank!
"Alex! Thierry! Allez-vous bien?", fragte er, als Nina ihm hastig die Situation erklärt hatte. "Nous allons essayer de vous **libérer**. Je vais voir si j'ai des outils dans ma voiture pour ouvrir la porte. **Quelle idée folle** de monsieur Bertrand ..."

Er lief zurück zu seinem Volvo, den er hinter dem Laden abgestellt hatte. Kaum war er wieder da, Schraubenschlüssel und Schraubenzieher in der Hand,

---

**outils** Werkzeug
**là-dedans** da drinnen
**de force** mit Gewalt
**libérer** befreien
**Quelle idée folle ...** Was für eine verrückte Idee ...

nahte erneut ein Motorengeräusch. Ein Wagen verlangsamte seine Fahrt.
“Oh non!”, rief Nina.
Wegen Onkel Jeans Ankunft hatten sie nicht mehr auf andere Autos geachtet. Und jetzt war es zu spät. Onkel Jean konnte sich gerade noch hinter dem Schuppen verstecken, Nina rannte wieder zu den Tannen und stellte sich hinter einen dicken Stamm. Der Jeep, der vor einer Weile davongefahren war, bog auf den Parkplatz ein und hielt. Zwei Männer sprangen heraus. Der eine hatte eine eckige, athletische Figur und trug eine dunkle, gefleckte Jacke über einer schwarzen Hose. Wahrscheinlich der Nachbar. Hinter ihm her lief ein großer, hagerer Bursche, der Nina sofort an den Minigolfpächter erinnerte. Von Monsieur Bertrand keine Spur.
Der erste Mann ging auf die Tür des Schuppens zu. Nina stutze. Sein Gesicht war hinter einem grauen Strumpf mit Augenlöchern verborgen, den er sich über den Kopf gezogen hatte. Jetzt sah sie, dass auch der zweite Mann maskiert war. Ein Schauer lief ihr über den Rücken. Der athletische Kerl schloss die Tür auf. Beide Männer betraten den Schuppen, man hörte eine ruppige Stimme schimpfen, und kurz darauf kamen die Männer mit den Jungen wieder heraus, denen sie die Arme hinter den Rücken hielten und den Mund zudrückten.
Dann ging plötzlich alles sehr schnell.

Onkel Jean kam hinter dem Schuppen hervorgeschossen und warf sich auf den hageren Mann, der erschrocken seinen Gefangenen losließ: Thierry. Der Junge rannte, so schnell er konnte, in Richtung Ufer, an Ninas Versteck vorbei. Auch Alex versuchte sich loszumachen, aber es gelang ihm nicht. Währenddessen fand ein Handgemenge zwischen Onkel Jean und dem langen Kerl statt. Plötzlich blitzte etwas im Mondlicht auf.
"Oh Gott", entfuhr es Nina.
Der hagere Mann hatte ein Messer gezückt. Als Onkel Jean die Arme sinken ließ, drehte sein Gegenspieler sie ihm in Windeseile hinter den Rücken.

"**Surtout ne bouge pas!**", fuhr er ihn an.
Jetzt erkannte Nina die Stimme des Minigolfpächters.
"Toi **non plus**, mon petit", zischte der sportliche Kerl Alex zu.

Es ist aus, dachte Nina. Was sollte sie bloß tun? Sie musste sofort verschwinden und sich in Sicherheit bringen. Und die Polizei anrufen. Aber nein! Wenn sie jetzt loslief, würden die Männer auf sie aufmerksam. Sie musste warten, bis alle verschwunden waren. Der kleinere Mann schloss die Schuppentür ab, dann schoben sie ihre Gefangenen Richtung Wagen.

---

**Surtout ne bouge pas!** Rühr dich bloß nicht!
**non plus** auch nicht

“**Vous allez le payer cher!**”, rief oncle Jean. “La police est déjà **avertie**.”
“Regarde bien s’ils ont un portable”, zischte der große Hagere seinem Kumpanen zu.
Onkel Jeans Handy tauchte auf und wurde beschlagnahmt.
Der Minigolfer holte ein langes Seil aus dem Kofferraum, zerschnitt es mit seinem Messer und warf seinem Komplizen eine der beiden Hälften zu. Dann fesselten sie ihren Gefangenen die Hände und schoben sie auf die Rückbank des Jeeps. Beide Türen wurden zugeknallt.



Kaum war der Wagen mit seinen vier Insassen vom Parkplatz verschwunden, rannte Nina wie besessen den Uferweg entlang Richtung Campingplatz. Thierry, der sich ebenfalls versteckt hatte, kam ihr entgegengelaufen. Was für ein Glück, dass er noch da war! Alleine wäre Nina gestorben vor Angst. Außerdem hätte sie keine Ahnung gehabt, unter welcher Nummer sie hier in Frankreich die Polizei hätte anrufen sollen.
“Donne-moi vite mon portable”, rief der Junge. “Je vais appeler la police tout de suite.”

---

**Vous allez le payer cher!** Das werdet ihr teuer bezahlen!
**avertie** benachrichtigt

# Es lebe die Musik!

Die Leuchtziffern von Ninas Armbanduhr zeigten 02:55.
Vor zweieinhalb Stunden hatte Thierry die Polizei benachrichtigt und gleich darauf seine Eltern, die ihnen sofort entgegengefahren waren. Der Beamte aus dem Kommissariat hatte Thierry gebeten, sich mit seinen Eltern an der *Clairière* einzufinden, um der Polizei vor Ort Fragen zu beantworten.
Aufgeregt hatte der Junge erst den Eltern, dann den beiden Beamten die Vorfälle geschildert. Natürlich mit altkluger Miene und wie ein guter Schüler. Seine kleinen schwarzen Augen hatten regelrecht gefunkelt. Nina war immer wieder mit ihren eigenen Beobachtungen dazwischen geplatzt.
"Et si l'homme en vêtements de camouflage était **le même que celui** qui a agressé le joggeur?", rief sie aufgeregt. "Lui aussi, il l'a **attaqué** avec un couteau. **Aussi bien**, lui et le gérant du minigolf ont **maîtrisé** monsieur Bertrand pour **ensuite** aller à la *Clairière* sans lui, qui sait."



---

**le même que** derselbe wie
**celui** derjenige
**attaqué** angegriffen
**aussi bien** vielleicht … sogar
**maîtrisé** überwältigt
**ensuite** anschließend

Die Polizisten hatten einander angeschaut und der eine hatte von Zeit zu Zeit etwas in sein Notizbuch geschrieben.
"Je pense que notre voisin est très **suspect**. Mais comme il portait un **masque**, je n'ai pas bien vu si c'était vraiment lui."
Thierry hatte Ninas Wortschwall abgebremst, während seine Eltern stumm und mit besorgten Mienen daneben standen.
Dann hatte Nina die Polizisten zu den Blutflecken vor dem Schuppen geführt.
Ein Beamter hatte sich die Flecken genau angeschaut, hatten mit einem Taschenmesser etwas davon abgekratzt und gemeint: "Ce n'est pas du sang. **À mon avis**, ce sont des **traces de peinture**."
Der andere Polizist hatte genickt und gesagt: "Eh bien, nous allons **vérifier avec soin** tous ces **indices**. Surtout **en ce qui concerne** ces bidons."
Schließlich hatten die Polizisten Nina und Thierry gebeten, alles haarklein im Gedächtnis zu behalten



---

**suspect** verdächtig
**masque** Maske
**à mon avis** meiner Meinung nach
**traces de peinture** Farbspuren
**vérifier** überprüfen
**avec soin** sorgfältig
**indices** Indizien
**en ce qui concerne** was … betrifft

und am nächsten Tag auf dem Revier nochmals zu Protokoll zu geben.
Dann hatten sie mehrmals telefoniert und schließlich verkündet: "Les **recherches** sont **en cours** pour trouver les **malfaiteurs** et **sauver** les **otages**."

Ninas Augen wollten sich einfach nicht schließen. Immer wieder sah sie die vom Mondschein erhellten Masken mit den beiden Augenlöchern vor sich. Und den kräftigen Hals des sportlichen Mannes: wie der Nacken eines muskulösen Hundes. Den Minigolfpächter hatte sie zwar nur gehört, aber sie war sich ziemlich sicher, seine Stimme erkannt zu haben.
Nina schaute in die Dunkelheit und dachte an ihre Eltern. Sie musste sie unbedingt anrufen und ihnen Bescheid sagen. Gleich morgen früh. Oder sollte sie, statt sie unnötig zu beunruhigen, abwarten, bis die französische Polizei die Verbrecher gefasst und Onkel Jean und ihren Bruder gefunden hatte? Das Bild der Männer im Boot, die sie am Vortag in der Morgendämmerung beobachtet hatte, schoss ihr wieder durch den Kopf. Diese Kriminellen würden doch wohl nicht planen, Alex und Jean in irgendeinen Bergsee



---

**recherches** Untersuchungen
**en cours** im Gange
**malfaiteurs** Übeltäter
**sauver** retten
**otages** Geiseln

zu werfen! Mit schweren Steinen am Hals, damit sie rasch sanken und nie wieder an die Oberfläche kamen? Nina musste sich aufsetzen. Ihr war es eng um die Brust geworden. Neben ihr lag Thierry und schlief einen unruhigen Schlaf. Sie hörte ihn schnell atmen, sein Kopf rollte zur Seite, dann nuschelte er im Traum irgendetwas Wütendes.
Wenigstens ein paar Stunden sollten sie schlafen, hatten Thierrys Eltern gesagt, am Morgen könnten sie wieder Kontakt mit der Polizei aufnehmen und für die Ermittlungen zur Verfügung stehen.
"Viens dormir avec nous", hatten sie Nina angeboten, damit sie nicht allein in ihrem Zelt schlafen musste, und Nina war darüber sehr froh gewesen.



Sie ließ sich wieder zurückfallen. Die Nacht war milde, aber vor lauter Sorgen war ihr richtig kalt. Wo brachten die Verbrecher die beiden nur hin? Hatten sie sie irgendwo eingesperrt? Lebten sie überhaupt noch? Diesen Gedanken verjagte sie schleunigst, zog sich den Schlafsack bis unters Kinn und lauschte dem leisen Plätschern des Wassers gegen die Ufersteine. Im Hintergrund schnarchte Thierrys Vater. Das rhythmische Tröten beruhigte Nina. Zum Glück war sie nicht allein. Und die Polizei war auf der Suche. Morgen würde alles gut werden.

Mit gefesselten Händen saßen Onkel Jean und Alex auf der Rückbank eines nach Plastik und kaltem Zigarettenqualm stinkenden Geländewagens. Bei jedem Versuch, einander etwas zuzuflüstern, rief der Beifahrer barsch "**Vos gueules!**" nach hinten. Sie mussten je in einer Wagenecke sitzen, damit sie nicht miteinander in Berührung kamen.

Nach einigen Kurven bog der Wagen in einen Waldpfad ein und hielt. Der Fahrer sprang heraus, lief zum Kofferraum und kam mit zwei alten Lappen zurück.

"**Un mot sur nous**", fauchte er sie an. "et nous vous **retrouverons** très vite."

"Avec ce couteau", drohte der hagere Beifahrer und hielt ihnen sein Messer unter die Nase.

Alex wurde den Eindruck nicht los, dass es der Minigolfpächter war, der seine Stimme zu verstellen versuchte.

"**On ne dira rien à personne**", sagte er leise, während Onkel Jean schwieg und ihm mit beruhigender Miene zunickte.

Eine Minute später starrten beide in die Dunkelheit. Der Fahrer hatte ihnen die Lappen um die Augen gebunden und führte sie den Waldpfad entlang.

---

**Vos gueules!** Schnauze!
**un mot sur nous** ein Wort über uns
**retrouverons** werden … ausfindig machen
**On ne dira rien à personne**. Wir werden niemandem etwas sagen.

Wenn sie uns hier draußen lassen, dachte Alex und schöpfte Mut, können wir uns gegenseitig befreien und zurücklaufen.
Aber er irrte sich.
Unsanft wurden sie in einen PKW gestoßen, einer der Männer stieg schweigend hinters Steuer, und der Wagen fuhr los.
Es ging bergab. Wohin? In ein Dorf im Gebirge? Oder aus dem Gebirge heraus, ins Landesinnere? Onkel Jean kannte die wichtigsten Bergstraßen zwar, verlor aber wegen der Augenbinde rasch die Orientierung. Es dauerte nicht allzulange, da bremste der Wagen, der immer weiter abwärts gefahren war, und ein Knirschen zeigte an, dass sie in eine Kieseinfahrt eingebogen waren. Der Fahrer stieg aus und schlug die Tür zu.
Das war die Gelegenheit für Onkel Jean, seinen kleinen Plan umzusetzen.
"Essaye de **sortir** la **colophane** de ma **poche gauche**", zischte er Alex zu. "Dépêche-toi!"
Verwundert rutschte Alex näher zu Jean herüber und tastete nach seiner Jackentasche. Er schob seine Finger hinein, suchte und zog schließlich das Döschen heraus.



---

**sortir** herauszuholen
**colophane** Kolophonium
**poche gauche** linken Tasche

“**Si jamais** on doit **descendre** de la voiture, **tu laisses tomber par terre la boîte**”, flüsterte Jean. “**Comme ça**, les **autres** pourront nous retrouver.” Alex lächelte verschwörerisch und hielt das Döschen fest in der Hand.

Auf Onkel Jeans Seite wurde die Tür aufgerissen. Jemand packte ihn unsanft am Arm. “Descendez! Allez, vite!”
Dann wurde auch Alex unsanft aus dem Wagen gezerrt. Er hatte das Gefühl, man stoße ihn ins Nichts. Angst überkam ihn, doch dann nahm er seinen Mut zusammen, hustete mehrmals laut und ließ dabei das Döschen fallen.
Keine Reaktion. Der Mann hatte nichts bemerkt.
“**Où nous emmenez-vous?**”, fragte Onkel Jean schon zum dritten Mal.
“À l'**enfer**”, herrschte der Kerl ihn an und fügte mit drohender Stimme hinzu: “Vos vacances sont **terminées**, compris?”

---

**si jamais** falls
**descendre** aussteigen
**tu laisses tomber par terre la boîte** lässt du die Dose zu Boden fallen
**comme ça** so
**autres** anderen
**Où nous emmenez-vous?** Wohin bringen Sie uns?
**enfer** Hölle
**terminées** zu Ende

Die Gefangenen wurden eine Treppe hinunter und einen Gang entlang geführt, dann öffnete sich eine Tür, und sie betraten einen muffig riechenden Raum. Der Mann stieß sie in eine Ecke, drückte sie zu Boden und fesselte sie an ein Rohr. Anschließend verließ er schweigend den Raum und schloss hinter sich ab.
"Je me voyais déjà au fond du lac ...", sagte Onkel Jean erleichtert.
Aber Alex war übel.
"**Ce n'est pas encore fini**", erwiderte er mit bedrückter Stimme.



Um acht Uhr früh rief Thierrys Vater bei der Polizei an und erfuhr, dass man die Entführten noch nicht gefunden hatte. Noch in der Nacht waren Beamte bei den Männern im Nachbarhaus gewesen und hatten sie aus dem Bett geholt. Die beiden waren also nicht an der Verschleppung von Jean und Alex beteiligt. Der zuständige Ermittler kündigte außerdem an, einer von seinen Leuten werde die Kinder im Laufe des Vormittags auf dem Campingplatz abholen, um sie nochmals zum Tathergang zu befragen.
Nina war sauer. "**Qu'est-ce qu'ils attendent?**"
Ihr Bruder und ihr Onkel befanden sich in Lebensgefahr, und die Polizei hatte die Ruhe weg! Auf dem

---

**Ce n'est pas encore fini.** Es ist noch nicht vorbei.
**Qu'est-ce qu'ils attendent?** Worauf warten sie denn noch?

Campingplatz herumsitzen und abwarten, das hielt sie nicht aus.
“Je vais acheter des croissants”, sagte sie mit einem Augenzwinkern zu Thierry, der neben ihr am Seeufer saß. “Tu viens avec moi?“
Thierry begriff sofort, dass Nina etwas im Schilde führte. Er sprang auf, sagte den Eltern Bescheid, und wenig später liefen sie gemeinsam den Weg zum Laden hinauf.
“Je veux savoir si le gérant du minigolf est à sa caisse comme d'habitude”, verriet Nina ihren Plan.
“Même s'il est là, sans la police on ne pourra rien faire.”
Allerdings gefiel auch Thierry der Gedanke, den Mann durch ihre bloße Anwesenheit nervös zu machen. Am hellichten Tag konnte er ihnen ja nichts anhaben. 

Sie kamen an der Pforte des Nachbargrundstücks vorbei und sahen einander an. Da hatten sie sich wohl gründlich verschätzt. Die Nachbarn waren in der Nacht zu Hause gewesen.
Aufgeregt liefen sie weiter am See entlang Richtung Hotel. An der Minigolfanlage herrschte kaum Betrieb, es war noch zu früh. Der hagere Mann mit dem schiefen Gesicht war nirgends zu sehen. Stattdessen saß eine junge Frau an der Kasse, die den beiden Kindern erklärte, monsieur Laplace sei krank, sie sei die Vertretung.

“**Il n’avait pas l’air malade**, hier”, wisperte Nina Thierry zu, als sie weitergingen, vorbei an der Hotelauffahrt.
Plötzlich blieb sie stehen, wie vom Blitz getroffen.
“Qu’est-ce qu’il y a?”, fragte Thierry verdutzt.
Nina bückte sich und hob etwas vom Boden auf. Der Fund verschlug ihr die Stimme.
“Une petite boîte. **Et alors?**”, sagte Thierry.
“C’est la colophane de Jean!” Nina war so verblüfft, dass sie nur flüstern konnte. “Appelons la police tout de suite! Je suis sûre qu’oncle Jean l’a **fait exprès** de perdre cette boîte pour nous **montrer** qu’ils ne sont pas loin d’ici.”



Thierry sah Nina verständnislos an. Zum ersten Mal in seinem Leben hörte er das Wort “colophane”. Was sollte das sein? Dann sagte er sich, dass man bei diesem schrulligen Onkel wohl mit dem Sonderbarsten rechnen musste. Und wenn es half, ihn wiederzufinden, umso besser.
“Je vais appeler le **commissariat**”, rief er. Gleich darauf kniff er die Lippen zusammen und seufzte gleich darauf: “Zut! J’ai **rendu** le portable à ma mère.”

---

**il n’avait pas l’air malade** er sah nicht krank aus
**Et alors?** Na und?
**fait exprès** absichtlich (gemacht)
**montrer** zeigen
**commissariat** Polizeirevier
**rendu** zurückgegeben

"Ecoute …" Nina war ganz hibbelig. "Toi, tu cours **informer** tes parents et moi je vais **flairer** un peu par ici."

"Et si nous faisions **l'inverse**? Toi, tu vas informer mes parents, et moi …"

"**Hors de question!**"

Entschlossen ging Nina auf das Hotel zu. Kaum war sie hinter dem Haus verschwunden, da kam Thierry die glorreiche Idee, die Minigolf-Kassiererin um ihr Handy zu bitten. Als er das zuständige Kommissariat

---

**informer** benachrichtigen
**flairer** herumschnüffeln
**l'inverse** umgekehrt
**Hors de question!** Auf gar keinen Fall!

am Apparat hatte, versicherte man ihm, es würden sofort zwei Beamten vorbeigeschickt. Thierry solle jetzt bloß nichts auf eigene Faust unternehmen.

Wenig später hielt vor dem Hotel ein weißer PKW mit blauen und roten Streifen, dem zwei bewaffnete Beamte entstiegen.

Nina war unterdessen die Kellertreppe auf der Rückseite des Hotels hinuntergelaufen. Vor der Tür zögerte sie. Sollte sie hineingehen und sich möglicherweise in Lebensgefahr begeben wie Onkel Jean und Alex? Doch die Tür war abgeschlossen. Sie lief die Treppe wieder hoch. Diese Warterei auf die Polizei machte sie wahnsinnig. Vielleicht waren Onkel Jean und Alex hier im Keller, nur wenige Meter von ihr entfernt – oder schon wieder fortgeschafft, Gott weiß wohin.

Sie schlich an der Rückseite des Gebäudes entlang und hielt nach Souterrainfenstern Ausschau. Bis sie schließlich eines entdeckte, das von innen abgedunkelt war, so dass man nicht hindurchschauen konnte.

"Oncle Jean", rief sie leise und klopfte dagegen.

Im selben Augenblick packte eine Hand sie fest an der Schulter. Sie fuhr herum: der Hotelbesitzer.

"Qu'est-ce que tu **fouines** ici?"



---

**fouines** spionierst

"Je cherche mon oncle et mon frère", erwiderte Nina mit zittriger Stimme und konnte die Tränen nicht mehr zurückhalten.
Da bogen zwei Polizeibeamte, gefolgt von Thierry, um die Ecke.
"Monsieur", sagte einer der Beamten zu dem Hotelier und zeigte auf die Kellertür, "je **vous prie** d'ouvrir la porte de votre cave."

Weinend warf Nina sich ihrem Onkel in die Arme, der sie fest umklammerte. Dann lief sie zu Alex und drückte ihn. Er war hinter Onkel Jean die Kellertreppe heraufgekommen. Während dieser den Beamten einen Kurzbericht der Ereignisse gab, erzählte Alex seiner Schwester und Thierry aufgeregt von den vergangenen Stunden. Dann trafen Thierrys Eltern ein, die mal wieder nach ihrem Jungen gesucht hatten. Alle redeten durcheinander.
"… bidons … **fabricant de produits chimiques** … toxiques…", hörte Nina aus dem Wirrwarr heraus.

Schließlich baten die Beamten den Hotelier mit aufs Revier und versprachen dieser und den Kindern, sie über ihre Ermittlungen auf dem Laufenden zu halten.



---

**vous prie** bitte Sie
**fabricant de produits chimiques** Chemikalienhersteller

"Ce qui est **absurde**, c'est qu'on nous a **trimbalés toute la nuit** en voiture pour, **à la fin**, nous cacher **à côté**", sagte Onkel Jean auf dem Weg zum Campingplatz.
Thierrys Eltern waren mit ihrem Jungen ins Auto gestiegen, Onkel Jean aber hatte den Kindern vorgeschlagen, das kleine Stück zum Campingplatz zu Fuß zu laufen.
"Drôle d'histoire, **en effet** ...", grinste Alex und kickte einen Kieselstein Richtung Ufer. "Monsieur Minigolf ne voulait pas **être démasqué**."
"Et c'est **pour cette raison** qu'il vous a **bandé** les yeux?"

"**Évidemment**", antwortete Onkel Jean. "Et pour nous faire peur.
Alex sah müde aus und sein Haar stand wirr vom Kopf ab.
"Je suis **épuisé**", murmelte er.

---

**absurde** absurd
**trimbalés** *hier:* herumgekarrt
**toute la nuit** die ganze Nacht
**à la fin** am Ende
**à côté** nebenan
**en effet** in der Tat
**être démasqué** entlarvt werden
**pour cette raison** aus diesem Grund
**bandé** verbunden
**évidemment** natürlich
**épuisé** erschöpft

"Nous pouvons nous **reposer** maintenant, c'est la police qui **s'occupe de l'affaire**", sagte Onkel Jean und verwuschelte Alex das Haar noch mehr, so dass er wie eine Vogelscheuche aussah.
Aber der war zu müde, um sich zu ärgern.

Am Nachmittag, als Onkel Jean und die Kinder nach einem Nickerchen am Ufer Federball spielten, tauchte auf der anderen Seeseite ein Motorboot auf. Mehrere Froschmänner sprangen von Bord, und es dauerte nicht lange, da wurden nacheinander eine Reihe dunkler Fässer aus dem See gehievt. Alex wollte sofort zur anderen Seeseite laufen, um alles aus der Nähe mitzubekommen. Froschmänner hatte er bisher nur in Fernsehfilmen gesehen.
Vor Ort erfuhren sie von der Polizei, dass dreizehn Fässer voller giftiger Chemikalien in der Tiefe des Sees gelagert hatten. Das also war das Verbrechen, von dem sie nichts hatten erfahren sollen!
Als sie zu ihren Zelten zurückkehrten, aßen sie noch rasch etwas und krochen wenig später todmüde in ihre Schlafsäcke. Und trotz des lauten Treibens ringsum schliefen sie bald fest.



---

**reposer** ausruhen
**s'occupe de l'affaire** kümmert sich um die Angelegenheit

Am nächsten Tag rief um die Mittagszeit der zuständige Kriminalinspektor auf Onkel Jeans Handy an und teilte ihm mit, man habe inzwischen herausgefunden, dass eine bei Straßburg ansässige Firma hinter der Geschichte steckte. Die hatte Monsieur Laplace, den Minigolfpächter, und einen Komplizen angeheuert, damit sie gegen eine saftige Entschädigung Fässer mit hochgiftigen Pflanzenschutzmitteln für sie entsorgten. Um die Fässer zwischenzulagern, hatten die beiden Kriminellen den hochverschuldeten Monsieur Bertrand zur Mithilfe überredet.

"Il avait besoin d'argent", erklärte Onkel Jean den Kindern. Man merkte ihm an, dass er selbst kaum glauben konnte, was er über den Bootsverleiher erfahren hatte. "Mais quand vous êtes **entrés en jeu**, il n'a plus voulu **participer**. Il ne voulait pas être **complice** d'un vrai **crime**."

"Il a **quand-même commis un délit**", meinte Nina. Sie sah den freundlichen Monsieur Bertrand und seine rotgelockte Frau vor sich. "**Dommage**, je l'aimais bien."



---

**entrés en jeu** ins Spiel gekommen
**participer** mitmachen
**complice** Komplize
**crime** Verbrechen
**quand-même** trotzdem
**commis un délit** ein Delikt begangen
**dommage** schade

Am meisten aber freuten sich alle, dass Monsieur Laplace verhaftet werden konnte. Um den unsympathischen Kerl tat es ihnen nicht leid. Nur den Komplizen suchte die Polizei noch.

“Salut, les **détectives**”, sagte plötzlich eine Stimme ganz in der Nähe.
Der jüngere der beiden Angelnachbarn stand neben ihnen.
Onkel Jean und die Kinder saßen am Campingtisch, hatten gerade ihr Mittagessen vertilgt und waren so ins Gespräch vertieft, dass sie den Nachbarn gar nicht hatten kommen hören.
“Salut”, antwortete Onkel Jean und erhob sich.
Alex und Nina erröteten und schauten verlegen Richtung See.
“Qu’est-ce qui se passe ici? Et l’**action** des **hommes-grenouilles** hier sur le lac?”, wollte der junge Mann wissen.
“Eh oui”, antwortete Onkel Jean lächelnd. “Le Lac de Longemer est **devenu** un **lieu** de crime. Une **entre-**



---

**détectives** Detektive
**action** Aktion
**hommes-grenouilles** Froschmänner (für Einsätze im und unter Wasser ausgebildete Soldaten)
**devenu** geworden
**lieu** Ort

**prise** a fait **couler** des bidons pleins de produits chimiques toxiques dans le lac. Et c'est **grâce** aux enfants qu'ont été **détectés** les malfaiteurs."
"Et ils ont **soupçonné** mon père ..."
"Ah, la **fantaisie** des enfants, vous savez!", unterbrach Onkel Jean ihn rasch und wollte gerade anfangen, ihm die aufregende Geschichte seiner Entführung zu erzählen, da trat der ältere der beiden Nachbarn hinzu.
"**Voulez-vous dîner avec nous?**", meinte er freundlich zu Onkel Jean und den Kindern. "Vous pourrez nous raconter l'histoire dans tous les **détails**!" Dabei zwinkerte er Nina und Alex vielsagend zu. "D'ailleurs, ce matin, nous avons fait une des plus belles prises de l'année", sagte er zu Onkel Jean. "**Une dizaine** de truites de la rivière **La Vologne**!"
Und schon waren die beiden Männer in Anglergespräche vertieft.



---

**entreprise** Unternehmen
**couler** versenkt
**grâce (à)** dank
**détectés** aufgespürt
**soupçonné** verdächtigt
**fantaisie** Fantasie
**Voulez-vous dîner avec nous?** Möchtet ihr zum Abendessen zu uns kommen?
**détails** Einzelheiten
**une dizaine** ungefähr zehn
**La Vologne** die Vologne (ein französischer Fluss in den Vogesen)

Zum Grillfest waren auch Thierry und seine Eltern eingeladen. Sie erschienen mit einer großen Schüssel Salat, und Onkel Jean brachte eine Flasche Rotwein mit.
Gerade wollte er mit den anderen anstoßen, da klingelte sein Handy. Er entfernte sich von der Tischrunde und kehrte kurz darauf mit breitem Grinsen an seinen Platz zurück. "Voilà, l'agresseur qui a attaqué le joggeur, c'était le gérant du minigolf."
"Vraiment?! Comment l'ont-ils **découvert?**", rief Alex.
"Le joggeur n'avait pas vu son agresseur, il **se souvenait** seulement des vêtements de camouflage", fügte Thierry mit weiser Miene hinzu.
"La police **a fait écouter sa voix à la victime**, et le joggeur **l'a reconnue**", erklärte Onkel Jean.
"Mais pourquoi l'a-t-il attaqué?", fragte Thierrys Mutter.
Onkel Jean erzählte der Runde, der Jogger habe den Minigolfpächter eines Abends in der Nähe des Schuppens beim Hereintragen einiger Fässer überrascht. Mit dem Überfall habe Laplace den Mann warnen und



---

**découvert** herausgefunden
**se souvenait** erinnerte sich
**a fait écouter sa voix à la victime** hat das Opfer seine Stimme hören lassen
**l'a reconnue** hat sie wiedererkannt

davon abhalten wollen, weiterhin in der Nähe seines Schuppens zu joggen.

"Eh bien", meinte Thierrys Vater, erhob sich und sagte feierlich. "**Aux jeunes détectives alors!**" Er hob sein Glas auf die Kinder und die übrigen Erwachsenen taten es ihm nach.

"**À la vôtre!**"

Onkel Jean war aufgestanden. "Merci les pêcheurs, pour ce délicieux **repas**!"

Da sprang auch Nina von ihrem Stuhl auf. "Et la colophane, alors? C'est grâce à elle que nous avons pu sauver les otages", erklärte sie der Runde. Dann zeigte sie auf das rote Döschen, das Onkel Jean triumphierend in die Höhe hielt, und rief: "**Vive la musique!**"



---

**Aux jeunes détectives alors!** Also auf das Wohl der jungen Detektive!
**À la vôtre!** Prost!
**repas** Essen
**Vive la musique!** Es lebe die Musik!